人生を変える
修造思考！

JN298123

はじめに

こんにちは、松岡修造です。

僕は周りの人に、どうしたら朝起きてから夜寝るまで一所懸命に熱く生きることができるのか、と聞かれることがよくあります。

僕自身は自分を熱い人間だと思ったことはありません。

でも自分にはただ一つだけ、みなさんに誇れるところがあると思っています。それは、どんなことにおいても、人より何倍も楽しむことができるということです。

たとえば食事でも、寝るときでも、人と話すときでも、今自分がやっているすべての行動において、そのことに集中し、存分に楽しんでいます。

ただこれは、生まれながらにしてそうだったのではなく、考え方、イメージ方法などでいくらでも作り出せるものなのです。

日々出会う人、経験すること、読んだ本、観た映画など……。

あえて言うなら、こうした日常すべてに対して、自分の感性を研ぎ澄ませて得ることができた〝松岡修造的思考法〟とでもいえるかもしれません。

なぜ僕がこれほど熱く見えるのか、一所懸命に見えるのか、僕の心の持ち方の基本を綴ってみたのがこの本です。


たとえば、映画は物語に入り込んだほうが楽しめるので、自宅でDVD鑑賞するときには一時停止ボタンは使いません。初めて入ったレストランでは、店内を一周して美味しそうな料理を探す「ひとり店内ツアー」をしています。一所懸命考えてもアイデアが出ないときこそ、アイデアが出る寸前だと捉えてさらに考え続けます。


でも、誤解しないでください。

これはあくまでも僕独自の方法論なのであって、これが読者のみなさんすべてにあてはまるものでは決してありません。

ましてや、〝松岡修造になりたい〟なんて絶対に思わないでください。章を読み進めながら僕に同感するところもあれば、逆に〝修造、何言ってんだ！〟と怒鳴りたくなるところもあるでしょう。そして、そうした僕との対話から〝修造的〟ではなく、**みなさんそれぞれの〝自分的思考法〟を作り上げていってほしいのです。**

一度しかない人生、誰かのまねをするのではなく、自分が主人公となった心の持ち方を、自分の本として書いてみてください。

さあ、自分らしさとの対面です。

松岡修造

はじめに …… 003

修造流生き方1
楽しくて仕方がない毎日にする！

修造流生き方1 ― テレビから学ぶ
「情熱大陸」を観るときは、主人公を自分に置き換える …… 014

修造流生き方2 ― 映画から学ぶ
映画をＤＶＤで観るときは一時停止なし。完全集中で物語を実体験する …… 018

修造流生き方3 ― 楽しく朝を迎える
朝はワクワクして迎える …… 022

修造流生き方4 ― 気持ちよく眠る
眠るときは「ひつじ」を数えるより、「お鮨」を食べる …… 026

修造流生き方5 ― どんな場面も楽しくする
苦手な場所はディズニーランドにしてしまう …… 030

修造流生き方6 ― 充実したトイレタイムにする
トイレでは出した後に便器に感謝する …… 034

修造流生き方7 ― 後悔しない買い物をする
店員さんを自分の分身にする …… 038

修造流生き方 8 — 記憶に残る読書にする
本は心で読む …… 040

修造流生き方2
時間を最大限に使いつくす!

修造流生き方 9 — 時短生活のすすめ
テレビは◯◯しながら2倍速で観る …… 046

修造流生き方 10 — ムダな時間を作らない
退屈な映画も最後まで観る、退屈な講演も最後まで聞く …… 048

修造流生き方 11 — 準備する時間が大切
明日からパリへ行くなら、今日からパリ時間で行動する …… 052

修造流生き方 12 — オンとオフは完全に切り替える
3時間以上のフライトのときはスポーツウェアに着替える …… 056

修造流生き方 13 — 短時間でも集中する
移動時間が3分あれば、本を開く …… 060

修造流生き方 14 — 電車移動は感謝の時間
満員電車ではみんなに力をもらう …… 062

修造流食べ方
楽しくて仕方がない食にする!

修造流生き方 15 — おいしく食べるための基本
なんとなく食べない …… 066

修造流生き方16 マクドナルドを楽しむ
マクドナルドはレジ近くのポジションで完全攻略する……070

修造流生き方17 ファーストフードを堪能する
ファーストフードは食べ方でゴールデンフードになる……074

修造流生き方18 食は真剣勝負
お鮨屋さんでは一瞬たりとも気を抜かない……078

修造流生き方19 生メニューと紙メニューの楽しみ方
お店に入ったら、まず「ひとり店内ツアー」……084

修造流生き方20 人を感じながら食べる
郷土料理は、歴史を感じながら食べる……088

修造流仕事術
仕事を徹底して楽しみつくす!

修造流生き方21 準備を怠らない
ひとりプレゼン、ひとりリハーサルでとことん準備する……094

修造流生き方22 アイデアはあきらめたら終わり
追い詰められるといいアイデアが浮かぶ……098

修造流生き方23 準備をしないことが最高の準備
「くいしん坊! 万才」は台本を読まない……102

修造流生き方24　緊張しない心を作る
いつも心に富士山をイメージする……104
修造流生き方25　緊張した身体をほぐす
古武術で肩の力を抜く……108
修造流生き方26　エネルギーで身体を満たす
お尻の穴を締めて
エネルギーをひとつにする……110
修造流生き方27　仕事は
シナリオ通りにはいかない
仕事はハプニングがあるほうが
面白くなる……112
修造流生き方28　正しい断り方
断るときは、100%断る……116
修造流生き方29　自分を褒める
小さな成功でも喜ぶクセをつける……120
修造流生き方30　いつでも無我の境地になる
大きなベルの音を鳴らして
無我の境地に入る……124
修造流生き方31　基本を身につける
反復学習は
工夫しながら繰り返す……128
修造流生き方32　前向きに話を捉える
同じことを言われても
毎回新鮮に聞く……132
修造流生き方33　伝わる力をつける
言葉が飛んでいくように声を出す……134

修造流生き方34 表現力をつける
感情を込めて歌うと表現力が豊かになる …… 138

修造流生き方35 集中力をアップする
残像トレーニングで集中力をアップする …… 140

修造流生き方36 視野を広げる
左右の人差し指を使って視野を広げる …… 144

修造流メンタルケア
毎日を元気に生きる！

修造流生き方37 いつでもどこでも感謝する
「ありがとう」は、語尾をやさしく …… 150

修造流生き方38 心から感謝する
「ありがとう」は、最後まではっきりと …… 152

修造流生き方39 鏡の前で自分に語る
毎朝、鏡に映る自分に向かって言い聞かせる …… 154

修造流生き方40 気分転換法
笑うときは顔の筋肉全体を使って大げさに笑う …… 158

修造流生き方41 イメージと錯覚で体をコントロールする
風邪ぐらいならイメージ力で乗り越える …… 160

修造流生き方42 イメージ力で行動が変わる
勝利の瞬間までイメージできると、実現は近くなる …… 162

修造流コミュニケーション術
絆を強くする関係をつくる！

修造流生き方43 いつでも聞く体勢になる
怒られても、嫌なことを言われても、まずは「はい！」 …… 168

修造流生き方44 人前で話をするとき
聞いてくれている人を見て話す …… 172

修造流生き方45 平常心でコミュニケーション
怒りを覚えたら、頭の中で歌を歌う …… 174

修造流生き方46 話の聞き方
最後まで聞いて、すべてを受け止める …… 178

修造流生き方47 逃げ腰コミュニケーションは×
いきなり天気の話から始めない …… 182

修造流生き方48 間違ったら、まず謝る
謝るときは「申し訳ありませんでした」が先！ …… 184

おわりに
性格は変わらないが、心は変わる！ …… 188

修造流生き方 1

楽しくて仕方がない毎日にする!

「情熱大陸」を観るときは、主人公を自分に置き換える

テレビは自分中心に「僕ならどうする？」と考えながら観る

「ためしてガッテン」は解答者になって観る

僕は観たいテレビ番組が仕事中だったり、子どもと過ごす時間と重なって、なかなかリアルタイムで観ることができません。だから、観たい番組は録画しておきます。よく観る番組は「報道ステーション」「くいしん坊！万才」「情熱大陸」「カンブリア宮殿」「ためしてガッテン」、ジャーナリストの池上彰さんが出演する番組、ＮＨＫのドキュメンタリー番組などです。

じつはドラマも大好きですが、一度観てしまうと、最後まで観続けないと気が済まなくなるので、あえて観ないようにしています。といっても、僕の心は鋼のように強いわけではありません。最近になって、アメリカのドラマ「プリズンブレイク」にハマってしまいました。３分でも時間があれば、タブレットＰＣを開いて観ています。

話を戻しましょう。

よく観ている番組には、生きるヒントがたくさん詰まっています。

「カンブリア宮殿」では、取り上げられた人の考え方、流儀を知ることができます。池上彰さんの話し方は、僕が「報道ステーション」などで話

すときの参考になります。「ためしてガッテン」は、よく目からウロコが落ちます。ジュニア選手の指導に活かせそうなヒントが見つかることもあります。

自分が主人公なら、頭によく入ってくる

そして、プロアスリート、演出家、建築家、研究者など様々な分野の第一線で活躍する人を取り上げる「情熱大陸」。何度も取材を重ねて対象者の考え方や魅力を引き出す番組です。この番組では、その人がたくさんの経験を積んで身につけた考え方や生きる情熱を、僕らは経験なしで学ぶことができます。

たとえば、街づくりに奔走するコミュニティデザイナーの山崎亮さん。彼の〝地元〟というものに対する考え方、パソコンとキャリーバッグだけで365日東奔西走する働き方など、学べることがたくさんありました。

僕は、そんな「情熱大陸」を出演者になったつもりで観ています。

自分に置き換えて「情熱大陸」を観ることで、「この人って、すげえな」だけではなく、「この人のすごさは、僕だったらこう活かせるんじゃない

か」「僕はこうしよう」と考えるわけです。

しかも、ものすごく細かなところで努力しているなど、普段は見ることができない姿を観ると、僕自身、もっと頑張ろうという気持ちになります。**熱い気持ちとやる気を得ることができる番組、僕にとってはそれが「情熱大陸」なんです。**

そんなふうに疑似体験しながら観ると、番組の内容が頭の中にどんどんインプットできます。脳がブルブル震えて喜んでいるのです。

テレビから流れてくる情報をぼーっと観ているだけでは、それほどインプットされませんが、自分主導で観るテレビは完全にインプットできます。しっかり記憶されれば、活かせる場面に出合ったとき、さっと取り出して自分らしく使えるのです。

テレビは自分中心に観る。これが修造流です。

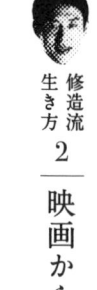

映画をDVDで観るときは一時停止なし。完全集中で物語を実体験する

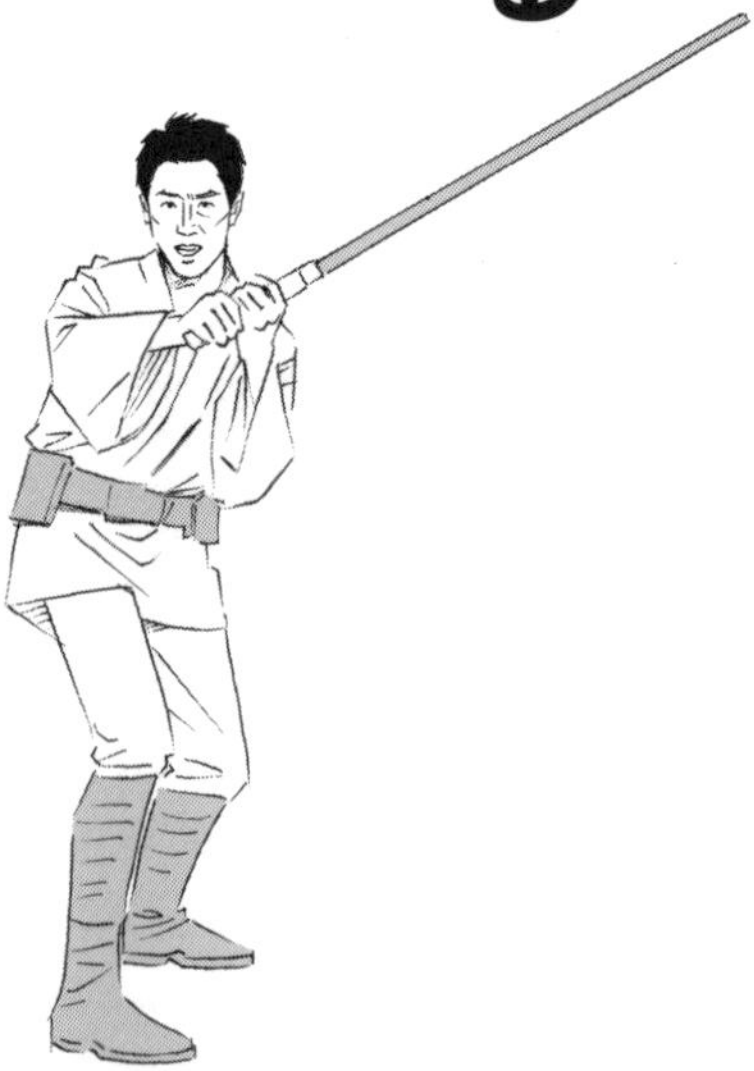

「スターウォーズ」には、ヨーダさんの哲学がある

映画が始まったら無言で画面に集中する

映画は、僕にとってご褒美のひとつ。オフの楽しみです。

ただし、完全集中で観るものです。それは、**映画は物語の中に本気で入り込んでこそ楽しめる**からです。だから、2時間観ることができないほど疲れていたら、最初から観ません。

今は映画館に行く時間がないので、自宅でDVDを観ることがほとんどですが、環境は映画館と同じです。画面の大きなテレビとサラウンドの音響、その両方を十分楽しめる位置に、集中しやすいお気に入りの椅子を用意します。

映画館と同じですから、一時停止ボタンを押すなんてあり得ません。映画館でわいわい話しながら観ている人がいないように、始まったらひと言も話しません。ジャンルはホラー以外だったら、どんな映画でも観ます。

なぜ、ここまでやるかと言えば、本気で取り組むことで映画に込められたメッセージを感じ取ることができるからです。一番好きな映画は？　と問われたら、「スターウォーズ」と即答です。全作品を映画館やDVDで数えきれないくらい観てきました。

物語に入り込むと作り手のメッセージが見えてくる

何度観ても新鮮な気持ちで毎回、感動しています。

僕が完全に「スターウォーズ」の世界に入るからでしょう。ルーク・スカイウォーカーになって戦闘機を操り、ヨーダさんを背負って修業しています。**観ているときの僕は映画の中で生きているわけです。**だから、何回観ても、新鮮に楽しめるのでしょう。


「スターウォーズ」は好きなシーンの連続です。特に、僕の心の師匠であるヨーダさんがルーク・スカイウォーカーを鍛えるシーンには、心に響く言葉がたくさん詰まっています。

たとえば、ヨーダさんがルークにフォース（目に見えないエネルギー）の力で飛行機を飛ばしてみろと命じます。でも、全然飛ばない。諦めるとヨーダさんが飛ばしてみせます。

それを見たルークがつぶやきます。「I don’t, I don’t believe it.（信じられない）」。その言葉にヨーダさんは「That is why you fail.（だから、失敗したのだ）」と返します。できると信じることが大切だということです。

修業に疲れたルークが「わかった、やってみるよ」とつぶやいたひと言に、ヨーダさんが返す言葉も秀逸です。「No! Try not. Do. Or do not. There is no try.（やってみる、ではない。やるしかないのだ。試しなど必要ない）」。すべてはやるか、やらないか。そういうことを伝えていると僕は思います。

ヨーダさんの言葉には、生きるための哲学があるということです。

キャラクターのセリフやストーリーには必ず監督や制作する側の伝えたいメッセージが込められています。「スターウォーズ」はもちろん、すべての映画にあるはずです。でも、僕はそのメッセージをそのまま受け入れるのではなく、自分なりに解釈しようと思っています。どんなにかけ離れた解釈でも気にしません。作り手のメッセージがどんなものでも、観た人がいろんなふうに解釈できるのが映画の面白さだと思うからです。

だから、なんとなく観るなんてことは許されません。本気で集中しないと見過ごすシーンがあったり、心に響く言葉を感じ取れないからです。

映画は、完全集中して物語に入り込むと、その世界を実体験できます。そこには必ず普段の生活や仕事に活かせるヒントがあるはずです。

修造流生き方 3

楽しく朝を迎える

朝はワクワクして迎える

二度寝、三度寝を心から楽しむ

ゴルフの日はなぜ早起きが苦にならないのか？

僕は朝の目覚めはいいほうです。

「くぃしん坊！　万才」のロケ先で朝3、4時にホテルのロビーに集合ということもあります。そんな早朝でも「おはようござあーす」と寝ぼけた顔でスタッフの前に現れることはまずありません。集合15分前までベッドの中にいますが、さっと準備を整えて松岡修造としてスタッフの前に立ちます。と言いながら、朝に強いというわけではないんです。**僕は、いつもワクワクして朝を迎えているだけです。**

たとえば、旅行、釣り、登山、ゴルフ、テニスなど好きなことをするために、プライベートで早起きするのは苦になりませんよね。休日なのに、いつもより早起き。ゆっくり休めばいいのにと呆れる人もいます。でも、ワクワクして眠れなくなるほど、大好きなことは楽しくてしょうがないのです。朝4時に起きても「眠くて大変だ」と言うわけがありません。朝が早いということより、早く楽しみたいという思いが上回っているからです。

ところが、そんなときには早起きができる人も、やりたくない仕事が待っていたり、何の目的もない日だったりすると、途端に「イヤだなあ、眠

修造流生き方3

楽しく
朝を迎える

いなあ」と目覚めは悪くなります。

そんなときは、朝起きてすぐの楽しみを作ることです。僕の場合は、水を飲むことです。これは陸上競技3種目で100歳以上の世界記録を持ち、東日本大震災で亡くなられた下川原孝さんから教わったことです。朝起きたらすぐにコップに水を注いで、ゆっくり噛んで飲みます。眠っている間は何も入ってこない身体に、新鮮な水が広がっていくのを実感できます。起きると、そんなおいしい水を味わえると思うだけで僕はワクワクしてしまいます。

二度寝で得した気分！

そうは言っても、時間が来れば自然に起きるわけではありません。**自宅では目覚まし時計を最低2つは用意しています。**

いまでは2つ目の時計が鳴り始めることはほとんどありませんが、現役時代は違いました。厳しいトレーニングや試合の日々。疲れていない日はありませんでした。そんな状態で朝を迎えると、「また練習かいな」と思うことがしょっちゅうでした。当時の僕は、ワクワクなんかできません。でも、目覚めの時間を楽しくする方法は見つけていました。起きたとき、「もう少し寝させて」と思うことがあります。その誘惑からほんの5分ぐらい目を閉じると、2回も熟睡できたようなすっきりした感覚がありました。いわゆる二度寝ですが、大好きでした。でも、寝過ごすわけにはいきません。そこで、僕は保険時計と名づけた目覚まし時計を用意しました。

ドイツ製の時計だったのですが、音を立てると鳴り止む仕組みになっていて、「やあっ！」と叫ぶとピッと止まる。そして5分後にまた鳴り始めます。「ピッ、ピッ」と鳴ったら、また「やあっ！」。

たとえば、6時半には絶対に起きなければいけない。そんなとき、二度寝を楽しみたかった僕は6時15分に時計をセットしました。

6時15分になると時計が鳴り始めます。「やあっ！」と叫んで、また寝ます。5分後に、もう一度「やあっ！」。6時半までに3回の「やあっ！」。ものすごく得をしたような気分になっていました。

保険時計で朝からご褒美というわけです。いつもなら、試合に勝ったり、目標を達成したときに自分にあげるご褒美を、起きるだけでもらえるなんていいのかなと思いながら二度寝、三度寝を楽しんでいました。

眠るときは「ひつじ」を数えるより、「お鮨」を食べる

大好きな鮨の味が口に広がると同時に眠りに落ちる

眠れないときは頑張っている自分を誇りに思う

睡眠は1日の中で最も大切な時間です。僕の場合、現役の頃は毎日10時間、現役を退いてからも8時間は寝ようと努力しています。

そんな僕ですが、企画のアイデアがなかなか浮かばなくて眠れない日もあります。でも、まったく気にしません。ベッドに入って眠れないと焦る人がいますが、大丈夫。その日は眠れなくても、翌日は必ず眠れます。人の身体は欲望に忠実です。もちろん、睡眠障害などの病気を抱えている人は別ですが。

眠れない人は、眠れない理由を考えてみましょう。

翌日に重要なプレゼンが控えている、就職の最終面接が待っている、好きな人に告白するなど。それはつまり、緊張したり、不安を感じているということです。だったら、喜んでください。緊張や不安は、自分自身が本気で頑張ろうと思っているときにやって来るものです。眠れなくなるほど頑張ろうとしている自分がいることを、誇りに思ってください。無理に緊張や不安を取り除こうとは思わずに、そのままワクワクすることだけ考え

ましょう。

プレゼンだったら拍手を浴びる、面接では褒められる、告白はうまくいく。その瞬間を細かく思い浮かべてください。きっと眠れない時間が楽しくなって、気づいたときには眠っていた、ということもあるかもしれません。

寝る前にワクワクするとよく眠れる

睡眠で最も大切なポイントは眠りに入る瞬間です。そこでどんなことを考えていたかが潜在的な意識に強い影響を与えます。大きく2つに分けると、ポジティブな楽しいことを考えるか、ネガティブなことに思いを巡らせるか。前者であれば心は強くなりますが、後者は心をどんどん弱くしていきます。ネガティブなことは一度考え始めると、連鎖的にどんどん湧き上がってくるからです。だから僕は、意図的に楽しいことを思い浮かべるようにしています。想像するだけなら誰でもできます。それに、誰にも迷惑をかけません。

ワクワクすると眠れます。興奮して眠れなくなると思うかもしれませんが、これが不思議なことに気づいたら、ぐっすり眠っています。

思い浮かべるものがリアルであればあるほど、ワクワクしながら眠りやすくなると思います。

僕はその日にあった大好きなことを、もう一度振り返ります。

たとえば、大好きな鮨屋で食事をしたとしましょう。その夜、ベッドに入って目を閉じると、僕はもう一度、その鮨屋に行きます。その日に経験したことなので、すぐに思い浮かべることができます。どこに座って、ネタは何が並んでいたのか。じっくり選んで、最初の一貫目は何をお願いしたか。流れるような職人技でお鮨が目の前に置かれる。それを手に取って口に運んで、噛んで味わって……。「美味しかったなあ」と思うのではなく、美味しいんです。一貫目の味が口に広がったと思ったら、朝になっていたこともあります。

眠るには、身体をリラックスさせることが大事です。楽しいこと、うれしいことを本気で思い浮かべることは、そんなリラックス状態を作るためにとても有効な方法です。

修造流生き方 5

どんな場面も楽しくする

苦手な場所はディズニーランドにしてしまう

面接会場はディズニーランド 面接官はミッキーマウスだ

苦手なものでも気持ちだけならすぐに好きになれる

嫌いな食べ物や苦手な科目、不得意な仕事など、人にはたくさんの苦手なことがあります。ずっと避けて通ることができればいいかもしれませんが、それほど人生は楽ではありません。苦手なことが乗り越えなければならない壁として、大きく立ちはだかることもあります。

そんなときに段階を踏んで、苦手なことをできるようにしていくことを、僕は「苦手を克服する」ことだと思っています。そしてその先に、「苦手なことを好きになる」という段階があると思っています。だったら、最初から「苦手なことを好きになればいいのでは」と考えたアスリートがいました。

フィギュアスケートの村上佳菜子さんです。

彼女はこう言いました。

「ループ・ジャンプが嫌いです」

「じゃあ、どうします？」

「私は、好きになります」

恐れ入りました。発想力がすごい。考え方が全然違います。「嫌い」と言

っておきながら、次の瞬間にはループ・ジャンプを好きになっているわけですから、克服じゃないんです。もちろん、簡単に技術が身につくわけではありませんから、何度も失敗すると思います。客観的に見ると、苦手なジャンプのままです。

でも、佳菜子さんにとっては、好きと言った瞬間からループ・ジャンプは好きなジャンプになっています。この楽観的な考え方には脳を活性化させるだけでなく、飛躍的なスピードで苦手なことができるようになる可能性を秘めています。

前頭葉の楽観回路を刺激するとパフォーマンスがアップ

脳には、まさにそのための回路があります。前頭葉にある楽観回路です。この部分の動きがよくなると脳全体のパフォーマンスも上がるといわれています。

そんな**脳が喜ぶことを自分で作る。**

たとえば、緊張する場面はどこでも「ディズニーランド」にしてしまう。

受験、面接、嫌な仕事、そのままでは楽しくない場面がたくさんあります。そんなときは、会場からそこにいる人たちまですべてを、ディズニーランドにしてしまうのです。

「よーし、今日はディズニーランド面接だ！」とイメージしてみると、「こんなこと聞かれたら、どうしよっ♪」と面接会場へ行く足取りが、思わずスキップ状態になります。

目の前にいる面接官はミッキーマウス、ドナルドダックだとイメージしたら、リラックスしてなんでも答えられます。

そうイメージするだけで、面接が楽しくなると思いませんか。緊張するどころか、普段以上のパフォーマンスを発揮できそうです。

脳科学者の茂木健一郎さんが翻訳した『「脳にいいこと」だけをやりなさい』の中に、ディズニーランドやユニバーサルスタジオに行くと誰もが笑顔になるのは、楽観回路が刺激されるからだ、と書かれています。そういう場所をイメージするだけでも、苦手なことや場所に対する緊張感をぐっとやわらげてくれる効果があると思います。

修造流生き方 6

充実したトイレタイムにする

トイレでは出した後に便器に感謝する

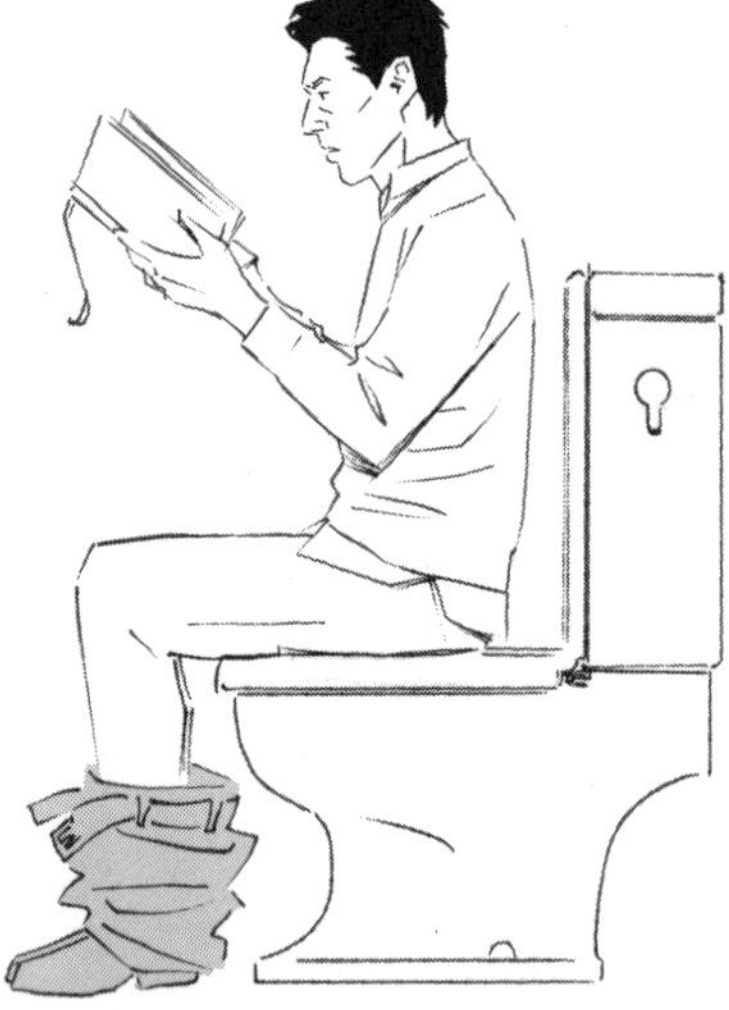

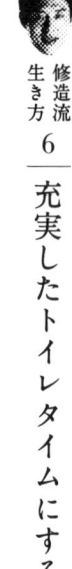

ヒジを太ももに乗せない
腕を上げて本を読む

薬指と小指に力を入れてすっきり排便

トイレには2つの役割があります。

1つは身体から要らないものを吐き出す。トイレ本来の役割です。もう1つは誰にも邪魔されずに集中できる空間としての役割です。臭い話になりますが、人にとって大も小も便をきちんと排出していくことは大事なことです。僕にとっては重要課題ともいえます。なぜなら、僕の唯一の趣味は「おいしく食べる」ことだからです。ちょっとでも便が残っている感覚があると楽しめません。おいしく食べるためには、出し切ることが大切なんです。

だから、便秘はとても厄介。便秘には2種類あります。1つは炎症や癒着で腸が狭くなり通りが悪くなるというもの。これはガンの恐れもあるそうです。もう1つが一般的な便秘。疲労やストレスなどで腸の機能が低下することで起こるものです。

ただ、僕は女性ではないので、本当の意味で便秘の苦しさはわかりませんが、僕に合わせた万一のための攻略法は持っています。

修造流生き方6

充実したトイレタイムにする

まず力の入れ方。握り拳をつくったとき、薬指と小指に力を入れます。親指や人差し指に力を入れると上半身に力が入って、肝心の下半身に力が伝わっていきません。上半身はリラックスです。

次に姿勢。背筋を伸ばしてあまり前のめりにならないように。そして最後にイメージ。薬指と小指に力を入れたとき、お尻に力がぎゅんっと伝わる。同時に、要らないものが出ていく。明確にイメージしてください。

それでも出そうで出ないときがあります。そのままでは気分が悪い。そんなときに僕が使うのは、自分で自分を騙すテクニックです。

「もう、しなーい」と立ち上がります。その瞬間に便意が戻ってきます。心が諦めようと思ったら、身体が慌てるからです。本当は身体も出したいわけですから「あ、ちょっと待ってください」と出なかったものが下に落ちる感覚に僕はなります。

いかがでしょうか。一度、試してみる価値はあるかもしれません。

それからもう1つ。僕は出し切った後に便器に向かって感謝します。要らないものを吐き出してくれたんですから、身体にも感謝です。特に、開放感を覚えるおしっこのときには「ありがとう!」と心の中で言います。

トイレは集中できる空間

僕はトイレを集中できる空間としても活用しています。奥さんがコワいという人は、家の中で自分の居場所はトイレだけと言います。僕にとっては、**自分の時間として使える場所**です。

今は資料を読んだり、ジュニア選手の合宿や出演する番組のアイデアを考えたりしています。テニス雑誌、スポーツ雑誌、哲学の専門書など数十冊の雑誌や本も置いています。同じものでも開く度に感じ方が違うことはよくあるので、何度も読み返しています。

トイレでは哲学書が一番頭に入るというのが実感です。それだけ集中できるのか、長い時間座っていることもあります。ただ、長時間、便器に座って本を読むには姿勢が大事です。ヒジを太ももに乗せて読む人が多いと思います。それは、楽な姿勢ではありますが必ず足がしびれてきます。きついイメージがあるかもしれませんが、僕は腕を上げて読みます。結局は、その方が集中できる時間を長く保ち続けられます。

修造流生き方 7

後悔しない買い物をする

店員さんを自分の分身にする

店員さんには
「信じています。さあ、どれですか？」

店員さんは買いたいモノに詳しい松岡修造だ

僕は衝動買いをしません。先日もスマートフォンが欲しいなと思って、インターネットを使って情報を集め、5機種に絞り込んでからショップに出かけました。ショップに行って最初にすることは、僕にとってできそうな店員さんを探すこと。「**できそうな店員さん**」とは、**松岡修造に対してはっきり意見してくれそうな店員さんです。**

大切なのは、店員さんが僕の身になって考えてくれることです。だから、「遠慮はしないでください」とまず言います。続けて、僕がスマートフォンに求めることの優先順位を伝えます。そこまで伝えてしまえば、店員さんはスマートフォンに無茶苦茶詳しい松岡修造になっているはずです。そして、「信じています。さあ、どれですか？」。

できる店員さんであれば、「コレですね」と一発回答してくれます。そこまで言い切ってもらえたら、僕のスマートフォンは決定です。

後悔しない買い物をしたいと思ったら、まず店員さんを自分の分身にすること。そのために、どんなものを欲しいのかをはっきり伝えること。そうすることが後悔しない買い物の一番の近道かな、と思っています。

修造流生き方 8
記憶に残る読書にする

本は心で読む

イメージで読めば、本1冊が自分のものになる

本格的に本を読み始めたのはプロになってから

子どもの頃は、本を読むのが嫌いでした。最後まで本を読んだのは小学6年生のときです。『チョコレート戦争』（大石真・著）という児童文学でした。それで本が好きになったわけではありません。高校までは赤川次郎さんの作品とか気軽に読めるミステリーぐらいしか手に取りませんでした。

文学書を読み始めたのはプロテニスプレーヤーになってからです。プロになってすぐの頃、ひとりで海外を転戦していたのがきっかけでした。スポンサーに付いていただけるようになってからは、コーチやトレーナーを帯同していましたが、それまでは基本的にひとり。

その頃、僕の友達だったのが本でした。

海外を転戦するツアーは、想像以上に時間があります。移動時間や食事の時間、ひとりで過ごす時間はたっぷりあります。『徳川家康』（山岡壮八・著・全26巻）、『宮本武蔵』（吉川英治・著・全6巻）といった本を常に持ち歩いていたのを覚えています。

不思議ですが、**日本を離れると日本の良さを知りたくなります。**何度も同じものを読み返していました。

修造流生き方8
記憶に残る読書にする

次第に遠征のときには持っていく本の数はどんどん増えていき、気づくとバッグの中が本だらけになっていたこともあります。

現役を退いてからは哲学書、ノンフィクション、教育書ばかりを読むようになりました。書店に行くと売上ベストテンのビジネス書をチェックして、気になるものは読んでいます。そして、面白いと思った本は何回も読み返します。気になるところは赤線かページを折り曲げる。自分だったらどうするかを思いついたときには、本に書き込んでいます。

心の眼でイメージしながら読む

世の中にはたくさんの本があります。毎日のように新しい本も発売されています。僕はできるだけたくさんの本が読みたいので、速読法を使うようになりました。でも、いわゆるページ全体を感覚で掴んで読み進める方法とは異なります。

開いたページ全体の文字を視界に捉えて、1文字ずつ追っていきます。

そのとき、より速く読み進めるための方法として、僕はそこで書かれていることをイメージするようにしています。小説で登場人物に感情移入しながら読むような感覚です。

新聞や哲学書に書かれている内容を解読するのではなく、そこで書かれていることをそのままイメージするわけです。**「太陽が沈んでいく」と書かれていたら、どんな太陽がどこに沈んでいくのかをイメージしながら読んでいきます。**

本は自分の心で読んだほうがしっかりインプットされます。

何となく読んでしまうと、「そうなのか」「そうだよね」と納得する程度の読後感になりますが、心で読むと誰かが書いた1冊の本が自分のものになります。

基本的に速読はたくさんの本を読むことが目的です。でも僕は、心の眼でイメージしながら速く読むことだと捉えています。

だから、哲学書や理解するのが難しい本でも、読みながらわからなくなっても、前のページに戻ることはありません。戻る人は文字を追っているだけだと思います。心で読むと自分のものとして捉えるので頭に入りやすくなると僕は実感しています。

修造流生き方 2

時間を最大限に使いつくす!

修造流生き方 9

時短生活のすすめ

テレビは○○しながら2倍速で観る

2倍速のテレビ鑑賞は なんとなくではできない

同時にやれば時間短縮

同時に2つのことができると時間を有効活用できます。

僕はテレビを観ながらトレーニングやマッサージをしています。しかも、テレビは2倍速で観ます。

2倍速で観る理由は2つあります。**1つは、集中力を養うことができます。**2倍速なので言葉は早口、映像もどんどん流れていきます。集中していないと何も理解できません。なんとなく観るのはもってのほかです。

もう1つは、滑舌のいい、悪いがはっきりわかります。古舘伊知郎さんや池上彰さんは2倍速でも聞き取りやすい。でも、滑舌が悪いと集中してもなかなか聞き取れない。そういう点で特に注意して観ているのが、「報道ステーション」の自分のコーナー。2倍速で観て内容がわかれば、僕の話し方はOKということです。

そうやって集中力を高めながら、チューブを使ったトレーニングや頭皮マッサージ、顔のマッサージをしています。それでもしっかり聞き取れるし、必要だと思ったらメモも取れます。慣れると違和感なくできます。2倍速の〝ながらテレビ〟なら有効に使える時間が増えます。

退屈な映画も最後まで観る、退屈な講演も最後まで聞く

どこが退屈なのか
探し出すと面白くなる

この映画は何を伝えたいのだろうか？

「面白くない」「興味を引かない」＝退屈である。そういうものに出合ったら、どうしますか？

僕にも、退屈なものはあります。どんなに面白い部分を探そうとしても、見つけられないこともあります。そんなとき、僕は目線を変えます。**楽しもうと思っても楽しめないときは、なぜ面白くないのかを考え始める**わけです。

だから、途中で投げ出すことはありません。

たとえば、僕にとってのご褒美である映画鑑賞。「退屈だな、コレ」「面白くないな」と思っても、途中でストップするのは嫌いです。始まったら終わりまで観ます。

映画はたくさんのお金をかけて、プロデューサー、監督、俳優などいろいろな人が関わって完成したものです。そこには何か伝えたいものがきっとあるはずです。だから、退屈だなと思ったら、作り手が伝えたいことがどこにあるのかを探すことに切り替えます。そうすることで、最初は興味

を持てなかった作品が、途中から面白くなることもあります。

作品のメッセージやほんの少しでも面白さを発見できれば、いつもの修造流。物語の中に自分が入っていってしっかり映画を楽しみます。

作り手のメッセージを発見できれば、ほとんどの作品を面白く鑑賞できるのが映画です。

この講演のどこが聴く人を退屈にさせているのか？

講演会などに出かけて、話を聞くときも同じです。退屈だなと思ったら、「どこが？」と探し始めます。

僕自身、講演会の壇上で話す機会があるので、退屈な部分を発見できれば参考にすることができるからです。だから、講演会に行ったら前の方に座ります。「眠くなってきたなあ」「まったく面白くないなあ」と思ったら、「どこが？」の出番。聴くことをやめて、見ることに集中します。

問題は話し方なのか。それとも表情やしぐさなのか。そもそも講演内容の構成なのか。そうやって見ていくと、退屈な講演会には共通点が見えてきます。

まず、声がこもっている。はっきり聞こえるのは目の前の人だけという小さな声。話すトーンやテンポがずっと同じというのも退屈です。

表情としては、視線がずっと下を向いていたり、微動だにしないで話しているのも聴いている側を疲れさせてしまいます。

そう考えると、「退屈」「辛い」「苦しい」「憂鬱」というマイナスイメージのある言葉が浮かぶ状況には、とてもいいヒントが転がっているといえるかもしれません。

マイナスのイメージをそのまま受け入れずに、その感情を抱いた原因を考えてみると自分に役立つものが見えてくるからです。

つまらないからこそ、投げ出すのはもったいないこと。本当につまらないかどうかは、じっくり付き合ってみないとわからないものです。

修造流生き方 11

準備する時間が大切

明日から
パリへ行くなら、
今日から
パリ時間で行動する

食事も睡眠も、飛行機の中も移動先の時間に合わせて行動する

準備次第でパフォーマンスは大きく変わる

準備次第で結果は大きく変わってきます。

たとえば、僕はジュニア選手の合宿で、最初に話す言葉を繰り返し練習して当日を迎えます。そうすれば、その場でまったく違うことを話し始めても、伝えたいことがズレることはありません。

現役時代も準備は大切にしていました。**試合で結果を出すために厳しいトレーニングを積むのはもちろん、ツアーでの移動も準備の1つ**と捉えていました。海外を転戦するツアーでは毎週のように違う場所に移動します。アメリカ、イギリス、フランスなど様々な国に移動しますが、必ずついて回るのが時差です。時差で体調を崩すと試合の結果に影響します。それが原因で、積み上げた努力の成果を存分に発揮できないこともあります。

そんなことがないように、僕は前日から移動先の時間に合わせた生活を送っていました。

たとえば、日本からフランス・パリに移動するなら、前日からパリ時間です。食事も睡眠もパリの時間に合わせます。飛行機の中では寝ないよう

修造流生き方11
準備する時間が大切

に映画を観たり、本を読んで過ごしました。

毎日をただ気楽に生きるだけなら、そんなことをしなくてもいいと思います。でも、目的があったり、達成感を味わいたいと思ったら、準備は本気で整えた方がいいでしょう。

準備が整っていると負けても納得

ただ、準備万端と言っても、すべてが完璧にいくとは限りません。特に相手がいる場合は、結果は思い通りにはいかないものです。テニスであれば、勝つための戦略を練り、時差ボケにならないように体調を整えても、負けることはあります。

普通の仕事でもあると思います。どうしても契約したいプレゼンのために、たくさんの資料を集めて企画書を作成し、しっかりと内容を相手に伝えたとしても、受け入れてもらえないことはよくあることです。でも仮に負けたとしても準備をしているかどうかで、結果が出た後の感覚が違います。

準備が整っていなかったら、いい結果が出なかったときに悔いばかりが残ります。「あの資料が足りなかった」「伝わりにくい話し方になってしまった」「時間が足りなかった」、どんどん浮かんできます。これでは、次の一歩を踏み出すのに時間がかかります。

準備を整えていたらどうでしょう。

少なくとも後悔はしません。しかも、しっかり準備をしておいたことで敗因を見つけやすくなります。さらに、やることはやったんだからと次に切り替えるスイッチも入りやすい。準備は、どんな結果になっても受け入れる態勢も整えてくれます。

もし、大切な会議が3時間後にあるとしたら、僕は完全にその3時間を会議仕様で動くでしょう。どんな人の前で、どんな意見を出すのか。そのためにスーツの色はどうするか。身だしなみも考えます。

準備にやり過ぎはないと僕は思います。準備をすればするほど、100%のパフォーマンスを発揮する可能性はどんどん高まります。

修造流生き方 12

オンとオフは完全に切り替える

3時間以上のフライトのときはスポーツウェアに着替える

着替えることで
心と身体に休む時間だと
認識させる

飛行機に搭乗するとすぐにリラックスモード

仕事をしている時間はオン、休んでいる時間はオフ。オンとオフをそう捉える人が多いと思います。僕は今でこそオンとオフを意識することは少なくなりましたが、現役の頃はオフの過ごし方をとても気にしていました。**オフの時間をしっかり自分の時間としてリラックスできれば、オンの状態に入るテニスにいい影響を与える**と考えていたからです。

たとえば、飛行機で3時間以上のフライトだった場合、乗るとすぐにリラックスするための準備を整えていました。

ただ、プロになったばかりで収入が少なかった頃は、格安で購入したエコノミー。はっきり言って、身体の大きな僕は一席でリラックスできることはありません。だから、ごく稀に僕の横がすべて空席になると天国気分で移動できました。空いた席を使って横になれたからです。

プロになって3年目ぐらいからエコノミーからビジネスに、そしてランキングが上がってファーストクラスに乗れるようになったので、席のことで四苦八苦することはなくなりましたが。

修造流生き方12

オンとオフは完全に切り替える

わかりやすい変化でオンとオフを切り替える

さて寝床を確保したら着替えです。僕の寝巻きであるスポーツウェアに着替えます。

さらに、特別仕様のソフトなアイマスク。１９９２年にウイルス性の病気を患ってから風邪を引きやすくなったので、口はマスクで覆います。首と背中とお尻にクッション、膝をケガしたときはアイシングもしていました。

周りの人が驚いた表情で見ていたのを覚えています。

今でも3時間以上であれば、スポーツウェアに着替えます。

着替えると、ここからは身体を休める時間なんだとはっきり区切りがつき、心も身体もラクになります。 そのために、わざわざ着替えるといっていいでしょう。普段着でリラックスしろと言われても、僕は完全にそうすることができないからです。

はっきり言えば、着替えるのは面倒です。到着前に、もう一度搭乗したときの格好に着替えなければいけないですからね。でも、僕の場合は着替えることで、そこは飛行機ではなく自宅になります。だから移動する3時間がとても充実したものになるのです。

　飛行機の中でこれほどリラックスしている人はいないんじゃないでしょうか。それぐらいリラックスすることを考えています。

　いいことではありませんが、まだ無名の頃には飛行機の床で寝させてもらったこともあります。もちろんシートベルト着用サインが消えてからのことです。日本発の国際線でした。CAさんに「そういう寝方もあるんですね。ゆっくりおやすみください」と言ってもらいました。通路はいけませんが、CAさんの席との間や椅子の下で「すいません、すいません」と言いながら寝ていましたね。


　たとえば、社内では動きやすいスニーカーに履き替える、大切な会議用のネクタイを社内に用意しておくなど、わかりやすい変化をすれば、気持ちを切り替えやすいと思います。

　そして、**オンとオフをはっきり切り替えると、日々の生活にメリハリがつく**と思います。

修造流生き方13

短時間でも集中する

移動時間が3分あれば、本を開く

少しでも時間があれば
開く、考える、書く
クセになればアイデアも浮かぶ

短時間で繰り返し考えることは、アイデアの質を上げる

僕は少しでも時間があれば本を開いたり、タブレットPCを起動させるようにしています。最初は何も読めなかったり、考えられなかったりしましたが、慣れてくると1ページ、あるいは1つのアイデアをメモできるようになってきました。

3分もあれば、本はかなり読み進められます。新聞の社説をタブレットPCで確認できます。アイデアがいくつも浮かぶこともあります。

続けていくと短時間だからこそ集中力が増すのか、どんどんいろいろなことができるようになりました。何事もクセをつけるのは大事です。だから、電車やタクシーで近距離を移動しているときもぼーっとしているのではなく、本を読んだり何かしらしています。

短時間で繰り返し考えたアイデアなどを見返すと、足りないものや余計なものが見えてきて、より質の高いものになっていきます。

そんな短い時間を利用するようになって、読み終えた本や使えるアイデアはそれまで以上に増えてきました。何事も一歩ずつ。それは確実に自分の力として蓄えられていきます。

修造流生き方 14

電車移動は感謝の時間

満員電車では みんなに 力をもらう

みんながんばってるなあ、俺って恵まれてるなあ

僕を支えてくれている人たちに感謝

皆さんと同じように僕も「忙しい」「大変だ」と思うことがあります。でも、忙しかったり、大変な状況なのは僕だけではありません。それでも頑張っている人はたくさんいます。たとえば、サラリーマンの方は毎日、満員電車に揺られて通勤します。それだけでもひと苦労なのに、仕事も一所懸命に頑張っていると思います。

電車に乗ったときに僕はそんな頑張る人の姿を見るだけでも、したいことをできる状況にある自分はとても恵まれているなと実感します。そして、もっと頑張ろうと思うのです。よく皆さんは僕に「大変ですね」「頑張ってください」と声をかけてくれますが、僕は何も大変ではありません。皆さんの方がもっと頑張っているんですから。でも僕に声をかけてくださる皆さんには、いつも感謝しています。

皆さんも大変だ、**うまくいかないと思ったら、周りに目を向けてください。**親、兄弟、友人、同僚、先輩、上司、あるいは電車の中の人、仕事で出会う人、その中には自分より頑張っている人がたくさんいます。そんな人たちが、あなたにもっと頑張る勇気を与えてくれるはずです。

修造流食べ方

楽しくて仕方がない食にする！

修造流生き方 15

おいしく食べるための基本

なんとなく食べない

食べることは勝負
体調、食べ方も手を抜かない

料理のおいしさは、食べる人で変わる

「食べる」ということに関しては、好きな人、嫌いな人、いろいろな考え方があると思います。僕にとって「食べる」ことは唯一の趣味といっていいでしょう。原点は、僕が育った家庭の食卓です。父も食べることが大好きで、食事の時間がとても楽しみでした。家族の会話だけで楽しい時間が過ぎていく食卓でした。ひとりの食事でもそんな楽しさを味わうために、**いつもおいしく食べる方法をいろいろ考えています。**

その一つが、おいしく食べるための呼吸法です。

まず腹式呼吸を何度か繰り返します。次に空気を吸い込んだ瞬間、食べ物が入ってくる胃を意識しながら「ハッハッ、ハッハッ」と声を出して息を吐き出します。そうすると、胃の中がおいしく食べるための最高の状態になります。

ラーメンの食べ方も独特だといわれます。食べる前から割りばしを握って、麺をすする動きを繰り返すエア・ラーメンをしています。

どうでもいいことだと思います。でも僕は、本気で食べるときにはプレッシャーを感じています。それは、僕のコンディション次第で、おいしさ

が大きく変わるからです。

最高の味は、最高のコンディションの日

別の言い方をすれば、**おいしく食べることは僕にとって勝負です。**ただ、お店と勝負しているわけではありません。あくまでも僕自身が、おいしく食べられるかどうかにこだわっているだけです。たとえば過去に、最高のコンディションで味わったフランス料理があったとします。そのお店に1週間後、行くことが決まったとしたら、僕はまた体調、食べ方、食べるスピードまで最高のコンディションに仕上げようと努力します。それができなかったとき、僕は負けたと思うのです。

どうして、そこまでこだわるのか。それは、そのほうがおいしく食べられるからです。僕と同じように食べることを楽しみたいと思ったら、本気になってください。なんとなく体調を整えて、なんとなくお腹を空かせても、僕の領域に入ってくることはできないと思います。

1週間後にフランス料理を食べるなら、その日が来るまでフランス料理を食べない。当日の朝食、昼食に脂っこいものを食べてお腹に負担をかけない。お腹が空きすぎる場合は、バナナや栄養補助食品で微調整する。すべての食事が、夕食のフランス料理のためです。

ここまで徹底してはじめて、最高のコンディションでフランス料理を楽しむことができます。しかも、そこで食べる料理は、自分にとって最高の味になるはずです。

修造流食べる準備

1 姿勢を正し両腕をテーブルにおき、これから食卓に並ぶ料理をイメージする

2 胃の準備運動。「ハッ、ハッ、ハッ」と声を出しながら何度も呼吸を繰り返す

修造流生き方16

マクドナルドを楽しむ

マクドナルドはレジ近くのポジションで完全攻略する

ベストポジションで
何度も往復してできたてを味わう

マクドナルドには興奮して入る

マクドナルドには、「とりあえずマクドナルドにするか」ではなく「やった、今日はマクドナルドに行けるんだ！」と興奮しながら僕は入ります。

マクドナルドは子どもの頃から本当によく食べていました。行った回数も数え切れませんが、食べた量も相当なものです。10代後半の頃は、マクドナルドに入ると3000円以上は食べていました。

アメリカにいたときは20個入りのチキンナゲット、ビッグマック、フィレオフィッシュ、クォーターパウンダー、ポテト（大）……。昼も夜も関係なく、周りがびっくりするほど食べていました。

そんなマクドナルドを最高の状態で味わいたい僕は、何度もレジと座席を往復します。できるだけ作りたてを食べたいからです。だから、僕の指定席はできるだけレジに近いところ（空いていればですが）。3、4回は往復します。

とくにポテトは揚げたてがおいしいので、レジの方に「揚がったら教え

てください」とお願いします。もちろん、お店に迷惑がかかりそうだったら控えますが、レジの近くが僕のベストポジション。すべての人がレジの近くに座りたいと言い始めたら大変なことになりますが、僕のように興奮しながらたくさん食べる人はそれほどいませんよね（笑）。

マクドナルドを食べることは、世界を食べることだ！

僕がマクドナルドに何回行っても楽しめるのは、目の前のハンバーガーを特別なハンバーガーだと思って食べるからです。たとえば、マクドナルドは世界中にあります。だから僕は、「世界のマクドナルドを食べている。目の前にあるのは、世界なんだ」と勝手にイメージを膨らませながら食べます。

ときにはハンバーガーの新たな発見を楽しみながら食べることもあります。たとえば、「今日はマヨネーズが少ないぞ」「クォーターパウンダーのピクルスは真ん中にあるはずなのに、今日はズレている」。真剣に食べていないと気づかないと思います。

お店の人には嫌味に聞こえるかもしれませんが、海外のマクドナルドではピクルスの位置がズレていることはよくありました。でもそれが、僕にとっては新鮮で、マクドナルドを楽しむひとつの食べ方でした。

どうですか？　ここまでマクドナルドと真剣に向き合って食べる人は少ないと思います。マクドナルドは奥が深いんです。

ちなみに、皆さんは知らないかもしれませんが、オリンピックの選手村に行くと一番最初に目に入るポジションにマクドナルドがあります。しかも、カロリーや栄養などすべてが掲示されていて、いかにも「食べたら勝てる」空気があふれているんです。食べたくなりますよね。

修造流
マクドナルド注文法

1 ハンバーガーとポテトを注文して代金を払い、「ポテトは揚がったら教えてください」と伝えてレジを離れる

2 ポテトが揚がったことを教えてもらったら、すぐにアツアツのポテトを取りに行く

修造流生き方17

ファーストフードを堪能する

ファーストフードは食べ方でゴールデンフードになる

ケンタッキーフライドチキンは肉を覆っている皮だけ最後に食べる

これで好きなだけ食べられる！

現役を卒業した瞬間に思ったのは、「これで好きなだけ食べられる！」。最高級のフランス料理、日本料理、お鮨、さらにケンタッキーフライドチキンなどのファーストフード、コンビニのおにぎりや菓子パン、お菓子、ファミレスのハンバーグ、牛丼、どれも大好きだからです。

その中でも**ファーストフードは別格です。**

僕にとってはゴールデンフードという言葉の方が合っているぐらい大好きです。子どもの頃、ケンタッキーフライドチキンを食べられる日はパーティーの日と勘違いするほど興奮したのを覚えています。

食べ方にも修造流があります。まず、カリッと香ばしく焼けた皮を取り、手を油だらけにしながら肉を食べます。そして最後に食べるのが、取っておいた皮です。少し焦げていてサクッとした食感がたまりません。僕にとっては最高のフォアグラを食べたときと同じくらい喜べます。

コンビニの菓子パンやおにぎりには感動と驚きがあります。ホイップあんパンや味付き玉子入りのおにぎりを初めて食べたときは、何度も中身を

確認しながら食べました。どうしてこんな発想が生まれるのかと感心したからです。感動は食べ物をおいしくするエッセンスです。

お菓子も大好きです。たとえば、ポッキー。いろんな食べ方をできるのがいいと思います。1本ずつ、リスのようにちょこちょこ噛み砕く。チョコの部分をすべて舐めてから食べる。普通に食べるだけでなく時間をかけてゆっくり味わうことができます。さらに、「行くぞ、行くぞ」と思いながら、一気にボリッと10本まとめて頬張るのは、こんな贅沢をしていいのかと感じられる食べ方です。

ファミリーレストランも大好きです。しかも、だいたい**1000円くらいのハンバーグを2000～3000円くらいのハンバーグだと思って食べています。**そう捉えるだけで、「ファミレスのハンバーグ」と思って食べるより、おいしく食べられます。「ファミレスのハンバーグ」は、経費削減や大量生産という企業努力で価格が抑えられ、味も膨大な時間を使って研究されています。だから僕はそれくらいの価値があると思っています。

我慢はしても、完全には避けない

それほどファーストフードが好きなので、現役時代はかなり我慢していたことになります。我慢していたのは、糖分を摂ると栄養が分解されてしまうと、栄養士の方から言われていたからです。

だからといって完全に避けるとストレスになります。そこで僕は箱入りのアーモンドチョコを買って、匂いだけを楽しんでいました。寝るときには箱を全開にして部屋に充満させたりもしました。現役時代の食事制限では、牛丼も忘れられません。肉は食べられないのに牛丼を頼んで、大変失礼なことですが、出てきた丼から肉をすべて皿に取り出して、つゆだけでごはんを食べていました。肉は食べられなくても、つゆの味と牛丼の香りだけでエネルギーになっていたからです。

そのほうがストレスになるという人もいますが、ストイックに我慢している自分の姿が好きだったのでしょう。それよりも、我慢すれば試合に勝てると信じていた部分が大きいかもしれません。

その点、今は現役時代と比べたら、ちょっと我慢、という程度になっています。

修造流生き方18

食は真剣勝負

お鮨屋さんでは一瞬たりとも気を抜かない

お鮨を食べるときの流儀は
噛んで、噛んで、噛んで、ありがとう！

最高のご褒美には真剣勝負で挑む

食べることは、自分へのご褒美です。その中でも最高のご褒美がありま す。それはフレンチレストランや日本料理店、鮨屋で食べることです。ご褒美には、もちろん真剣勝負を挑みます。「わーい」と何も考えずに喜んで食べてしまったら、最高のご褒美になりません。

最近は、ご褒美を昼食にすることも多くなっています。天ぷらや鮨など夜と変わらないメニューで値段が半分以下だったりするのもお得です。体調も万全に持っていきやすいし、どんなに食べてもそれ以降、さらに動くので身体にもいいいんです。

もちろん、夕食での勝負も忘れたわけではありません。

夜が勝負のときは、昼食はつなぎの食事になります。バナナ、おにぎり、サラダなど胃にもたれないものを食べます。

当然、おやつに手を伸ばすことはありません。「今日の夜は、お鮨なんだよ！」と言いながら、ぱくぱくおやつを食べることなんて考えられません。ベストコンディションに仕上げた試合前に、いきなり激しいトレーニング

修造流生き方18
食は真剣勝負

をして、わざわざコンディションを落とすようなものですから。
そういう人を目にすると、「本気で勝負する気があるのか！」と僕は言いたくなります（余計なお世話ですが）。
もし、僕がおやつに手を伸ばすとしたら、お腹の空き具合を微調整するときです。前述しましたが、あまりにお腹が減っているとおいしく食べられないからです。でも、おやつを食べているときもあります。そんなシーンを目撃したら、「修造は今日は勝負じゃないんだ」と思ってください。

おいしく食べるために体調を整えるトレーニングとしては、勝負の前に30分から1時間のジョギングがベスト。じわじわとお腹が空いてきて、身体に負担をかけずに最高の状態にしてくれます。

でも、それだけの時間を取れないことがほとんど。たとえば、夜6時から食べるときに、残された時間が15分しかない。そんなときは、僕は必死に腕立て伏せをしたり、呼吸法で胃の状態を高めたり、とにかくできることをしてなんとかお腹を空かせます。せっかくのご褒美をおいしく食べられないと後悔しますからね。

舌に最初に触れるのはネタ

そんな勝負食の中で、勝手に一対一の勝負だと思い込んでいるのが鮨屋に出かけたときです。**カウンターを挟んで職人と向き合う鮨屋は、どの料理よりも戦える感覚があります。**

僕はテニスがダメなら料理人になりたいと思っていました。だから、料理を作る人には憧れと尊敬の念を抱いています。

とくに、お鮨はすべてがアート。職人の立ち居振る舞い、鮨を握っていく過程、そして目の前に置かれる握られたばかりの鮨。その一つ一つがすべて美しい。ついつい見惚れてしまいます。

そうして目の前に出される鮨を一貫ずつ手に取り、口に運んで、味わい尽くします。最後の一貫まで気を抜くことはありません。無駄なことはほとんど話さないので、鮨屋の僕はかなり静かな客だと思います。

ゲタに鮨が置かれたらすぐに口に運びます。でも、出される前に手を伸ばすのは失礼。置かれてからしばらくそのままにしておくのは、もっと失礼。だから、職人が鮨を置いた瞬間に動き出せるようにいつも準備をして

修造流生き方18

一食は真剣勝負

おきます。職人が鮨を握って、僕が味わうまでが鮨を食べるひとつの流れです。それが崩れると雰囲気も味も変わってしまいます。

相撲の立会いに似ているかもしれません。戦う力士が正面から向き合い、互いの意識が合った瞬間に両拳が土俵に触れる。絶妙の立会いは、会場全体に一体感を生み出して、その取り組みをいい勝負に高めてくれます。

鮨の場合、その雰囲気を作るのは職人と僕しかいません。だから、その立会いを崩してしまうと台無しになってしまいます。

鮨を取った瞬間からは、自分なりのアートというか、食べ方が始まります。**最初に舌に触れるのはご飯ではなくネタだと僕は思っています。**親指と人差し指で鮨を持ってそのまま口に運べば、ご飯が先に触れます。たとえば、トロだったらマグロの甘さと香りを一番最初に感じたい。だったら、口に入る前に回転させようと考えました。最近、その動きがうまくなってきました。

舌にピタリとネタが触れて、じわっと噛むとご飯がぱらっと割れる。噛む度にトロとご飯が重なって、鼻に香りがくーっと上がってきて、僕はそのなんともいえない味に歓喜します。

そして、舌を通りすぎると味わえなくなるので、何度もゆっくり深く噛みます。「おいしい」と口を開くこともありません。開いた瞬間にトロの美味しさが外に出ていく気がするからです。

噛んで、噛んで、噛んで、ありがとうと心で感謝。

これがお鮨を食べるときの流儀です。誰に褒められるわけでもありませんが、そんな自分だけの流儀があると、これまでと違った楽しさを味わえるはずです。

修造流鮨の食べ方

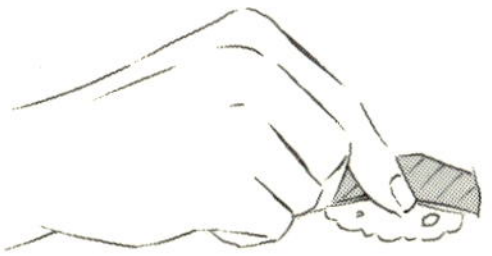

1 親指と人差し指で鮨をつかむ

2 ネタを上にして口に運ぶ

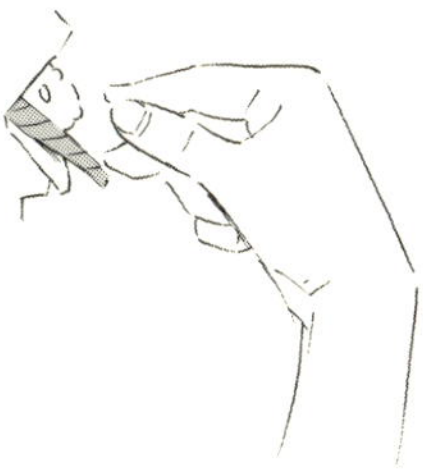

3 鮨の先端が舌についた瞬間にネタが下になるように回転させて舌にのせる

修造流生き方19

生メニューと紙メニューの楽しみ方

お店に入ったら、まず「ひとり店内ツアー」

目、匂い、お客さんの幸せ度から
これだ！ と思える料理を発見する

最初のオーダーは「生メニュー」で決める

僕は新しいお店に入ったとき、海外でも日本でもまず店内を一周します。一周する理由は2つあります。

1つは、**お店の雰囲気を味わいたいからです。**最近では、店内レイアウトや置いているモノにもお店の考え方が詰まっています。それを感じたり、見るだけで楽しくなります。

もう1つの理由は、**ほかのお客さんが食べている料理を見るためです。**目と匂い、そして食べている人が発する幸せ度を感じながら歩いています。お腹が空いているので、ほとんどの料理を「これも食べたい、あれも食べたい」と思ってしまいます。しかも、実際に食べている料理からチョイスできるので「これだ！」と思えるものに必ず出合えます。

これを僕は「生メニュー」と名づけています。

はじまりは、プロになったばかりの頃です。ひとりで食事をすることが多かったのですが、言葉のわからない国ではメニューを読めません。そこで、店内を一周するようになりました。「おいしそうですね」と笑いかけながら食べたい料理をいくつか見つけて、「あれ」と注文していました。

修造流生き方19

生メニューと紙メニューの楽しみ方

一度やってみるとわかりますが、「生メニュー」は楽しくて仕方がありません。海外のレストランでは１００％「生メニュー」で注文をするようになりました。２、３階まである広い店内では、お客さんと仲良くなって料理の写真を撮らせてもらったり、「生メニュー」ツアーになります。

「生メニュー」の絶対的条件は、お客さんの雰囲気を崩すような迷惑をかけないことです。

だから、日本でも「生メニュー」ツアーをしますが、海外のように笑いかけたりはしません。基本的にはトイレに行くふりをしながら、目だけを動かして楽しんでいます。お客さんからは、ただ歩いているだけに見えるはずです。

紙メニューは僕の友だち

最初のオーダーは、この「生メニュー」で料理を選びます。

最初の、ということは次のオーダーがあります。僕は、一度のオーダーで終わることはほとんどありません。次は紙のメニューから選びます。

実は、紙のメニューは僕の友だちです。**メニューを見ているだけでずっ**

と楽しめます。文字、デザイン、紙の種類など、こだわりのメニューも多いですよね。メニューの作りで、よりおいしく見えることもあります。

とくにガスト、デニーズ、ココス、ロイヤルホストといったファミリーレストランのメニューは大好きです。写真が載っているので「これもあれもすべて食べたい」という気持ちが強くなります。だから、**僕のテーブルからメニューがなくなることは絶対にありません。**必ず1つは残してもらいます。

「生メニュー」も「紙メニュー」もどう感じるかが大事です。楽しみながら感受性や想像力を高められるトレーニングにもなると思います。

修造流
ひとり店内ツアー

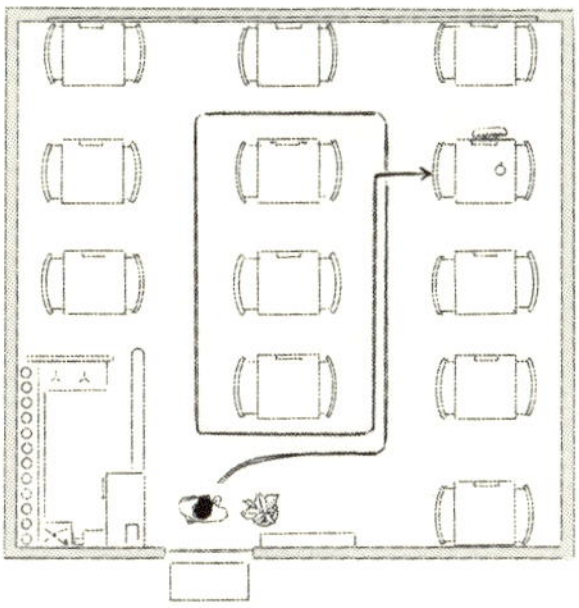

お店に入ったら店内を1周してから自分の席につく。「生メニュー」をしっかり目に焼き付ける

郷土料理は、歴史を感じながら食べる

作ってくれた人のストーリーは料理を口に運ぶ度に感じられる

人も場所も違えば、どれも新鮮

「くいしん坊！　万才」を始めて12年目になります。

「正直に言って、おいしくない、コメントできないと思った料理はありませんか？」とよく質問されますが、100％ないんです。 いろんな料理を食べてきましたが、一度もありません。

いつも新鮮においしく食べられているからだと思います。同じ食材の料理でも、「これは、あの家の料理と比べて……」と思いません。

それは、先入観なく、その場に出された料理を感じながら食べることができているからだと思います。

感じるとは、人を感じるということです。

味噌汁ひとつをとっても、おばあちゃんの味、お母さんの味、○○さんの味でおいしさにプラスアルファが加わると思いませんか。

先日、「くいしん坊！　万才」で手打ちうどんを食べる機会がありました。作ってくれた方のお母さんから伝えられた手打ちうどんです。「作りながら母を思い出すと涙が出てくる」と話してくれました。そういう話を聞い

修造流生き方20
人を感じながら食べる

たうえでうどんを味わうと、その方のお母さんを感じることができて、さらにおいしいなと思えます。

材料は同じでも作る人の手が加わることで、その人の思いやその人自身を感じられます。その人のストーリーを知っていくと、そこにはさらに人間味が加わります。それが、他にはないおいしさにつながっていくのだと思います。

○○産の○○と言われたら違ったおいしさを感じますよね。それは名産地だからというだけでなく、その土地や、作っている人を感じるからだと僕は思います。たとえば、静岡のみかん。太平洋の温暖な気候の中で一つ一つ心を込めて作られたことをイメージしながら、皮を剥く、そして口に運ぶ。そうイメージしながら食べるだけで、いつもとは違ったおいしさを味わえるのです。

人間味を知ることでおいしさは倍増する

そういうおいしさを伝えているのが、「くいしん坊！　万才」です。

僕はできるだけできたての料理を食べたいと思っていて、特にそばやうどんのときは、できあがったらすぐに収録を始めてもらい、まずは一気に食べてしまいます。

テレビ番組の収録現場としてはあり得ない風景です。現場にいるディレクターやカメラマンはあきれているでしょうし、作ってくれた方は驚いて僕の食べる姿を見ています。でも僕は、おいしいうちに食べることが、作ってくれた人たちが一番喜んでくれると思っています。そして、**おいしいものをおいしく食べることで、「本当に感じたおいしさ」をテレビの前の人たちに伝えることができる**と思っています。

それに、食べ終わってからじっくりお話をうかがって、そこでたっぷり仕入れた、作ってくれた人のことやその土地のことを感じながらもう一度同じものを食べさせていただくと、楽しく会話をしながらさっきとは違ったおいしさを味わうことができるのです。そのほうが、きっと本当のおいしさを伝えられると僕は思っています。

修造流仕事術

仕事を徹底して楽しみつくす！

修造流生き方 21

準備を怠らない

ひとりプレゼン、ひとりリハーサルでとことん準備する

徹底した練習をすれば思いは伝わる

本番をイメージしながら練習すること

試合に勝つ。そのために、ずっと厳しいトレーニングをして徹底的に準備をしていたのが現役時代です。

現役を退いた今も、とことん準備をする大イベントが年間にいくつかあります。世界水泳やオリンピックなどのキャスターとしての仕事だったり、ジュニア選手の合宿だったり。いずれも短期間ですが、テレビの視聴者や合宿に参加する子どもたちに、しっかり伝えなければいけないという使命があります。

はっきり言って、どプレッシャー。だから僕は徹底的に準備をします。

たとえばジュニア選手の合宿では、初日に子どもたちの前で話す最初の言葉が重要です。あえて子どもたちを威圧する言葉を投げかけますが、その言葉は本番の何週間も前から繰り返し練習します。感情的に怒鳴るだけではダメだからです。威圧の中に子どもたちに対して愛情と励ましを入れ込むためには、練習が大切です。

気持ちさえあればと、練習せずに行き当たりばったりで話す人がいます

修造流生き方21
―準備を怠らない

が、それではなかなか伝えられないことがあると思います。

もちろん、何度練習してもうまく話せないことはあります。でも、繰り返し練習したからこそ、本番で全然違う言葉になったとしても気持ちが届くと信じています。

ただし、徹底した練習といっても回数が多いだけでは意味がありません。ジュニア選手の合宿であれば、子どもたちが目の前に集まっている状況をイメージして練習します。世界水泳であれば、目の前でレースが行なわれている、あるいは試合後の選手が横にいることをイメージします。

本番さながらの気持ちで練習することが大事なのです。

ひとりリハーサルで客観的視点からチェックする

僕はひとりで練習します。

企画をプレゼンする前には、必ずひとりプレゼンをするようにしています。何度も練習すると企画のムダな部分が取り除かれます。課題もはっきりして、もっといい企画にシェイプアップされていきます。また、新たなアイデアで足りなかった部分が埋まることもあります。

結婚式のスピーチやビデオメッセージを依頼されたときも練習はかなりしています。こちらは、ひとりリハーサルです。家の中だったり、散歩やジョギングをしながらでも声を出して練習しています。

これもひとりプレゼン同様に、自分の言葉を客観的に感じられるので、練習すればするほど、自分の言葉で話せるようになっていきます。


ひとりプレゼンやひとりリハーサルを、奥さんや子ども、彼女や彼に聞いてもらうのもいいと思います。

「嵐にしやがれ」にゲスト出演で呼ばれたときには、企画を子どもに何回もプレゼンしました。子どもに「つまんない」「わからない」と言われながら修正していきますが、客観的に捉える人が複数になるとそれだけムダな部分や問題点を探し出すのが早くなります。

ただし、あくまでもひとりプレゼン、ひとりリハーサルの延長線上として他の人に聞いてもらいましょう。相手に依存し過ぎると、結局は相手に影響されるので、自分自身の考えをしっかり持っておくことが大事です。

修造流生き方22

アイデアはあきらめたら終わり

追い詰められると
いいアイデアが浮かぶ

「浮かばない……」と思ったら
しめたもの
アイデアが閃くのはもうすぐだ

脳は追い詰められると喜ぶ

いいアイデアは追い詰められたときこそ出てきます。

締め切りの時間が迫ってくると、できるなら逃げ出したいと思うほどの緊張感に包まれます。でも、そんな追い詰められている状況ほど面白いアイデアが閃くものです。

そうとはわかっていても悶々としているときは、不安になります。僕もアイデアが浮かばないときは本当に苦しくなります。

『憂鬱でなければ、仕事じゃない』(見城徹、藤田晋・共著)というビジネス書がありますが、アイデアが全然出てこない状態は本当に憂鬱です。けれども、ここからが面白いと自分に言い聞かせています。

なぜなら、その先にワクワクする目標を定めているからです。**目標を達成するために、今はアイデアが出なくて憂鬱になっていると考えます。**

じつは追い詰められた状況は脳も喜んでいます。

自分を変えたいと思っている子どもたちを集めて、2泊3日の合宿をするテレビ企画「修造学園」に何度か特別講師としてお招きしている、脳科

修造流生き方22

アイデアは
あきらめたら
終わり

学者の茂木健一郎先生は「脳は苦しんで何かを達成する度に喜んで強くなる」とおっしゃっています。自分の能力ギリギリの難易度や時間を決めて、それを乗り越えたときに脳は最高に喜んで、学習効果が上がるそうです。

本当の努力は「もうダメだ」からがスタート

苦しむことはいいことなのです。

「どうしよう、どうすればいいんだ」とひとりプレッシャーをかけている状態こそ頑張るときです。どんな分野でも成功した人の多くがこう言います。「悪いときがあって、苦しいときがあって、だからこそ今の自分がある」。

右肩上がりで勝ちっぱなしの人生を送ってきた人は、そうはいないと思います。どこかで必ず逆境や崖っぷち、限界ギリギリというところまで追い詰められた経験があるはずです。そのとき、どんなふうに踏ん張って乗り越えてきたか。その経験が人を大きく成長させます。

「もうダメだ」と思ったときにどれだけ頑張れるか。そこでの頑張りは、必ず自分の力として身についていきます。筋力トレーニングもそうです。

たとえば、腹筋の運動。簡単に上半身が持ち上がる間は何回やっても筋肉はほとんどつきません。筋肉がつき始めるのは、キツいな、もう上がらないと思ってからです。その状態が最初の一歩なのです。

だからアイデアが出ないからといって、あきらめないこと。あきらめたら、そこで終わり。あきらめない人にだけすごいアイデアが浮かんできます。「もう無理だ」は、アイデアが出る寸前の最後の苦しみなのです。

だから僕はあきらめません。アイデアが出てこない状態になったら、タクシーに乗っても、お風呂に入っても、ずっと考え続けます。苦しいですが、もうすぐアイデアが出てくることを楽しんでいるところもあります。

そしてアイデアが浮かんだら、すぐに紙に書き出します。お風呂だったら、呪文のように浮かんだアイデアをつぶやき続けます。僕は物忘れが激しい方なので、それでも忘れることが多いのですが。

「出ない、出ない」と思ったら、しめたもの。もうすぐアイデアが浮かぶとワクワクして待ちましょう。

修造流生き方23

準備をしないことが最高の準備

「くいしん坊！万才」は台本を読まない

ノンプレッシャーが、最高の準備になるときもある

準備をしすぎると失敗することもある

「くいしん坊！　万才」は、ノンプレッシャーで取り組んでいます。手を抜いたり、気楽にやっているという意味ではありません。本気で楽しんでいるという言葉が合っているかもしれません。「くいしん坊！　万才」の場合、準備をしないことが、最高の準備だと僕は思っています。

だから僕は、収録のポイントは把握しますが、台本は読みません。その場で起きること、味わうこと、感じることを自然体で伝えたいからです。

そういう姿勢になったのは、「くいしん坊！　万才」を始めた頃に失敗した経験があるからです。気合いが入りすぎていたのでしょう。食べ方、食べるときの表情、話す言葉すべてをチェックして、どんなふうに食べれば、あるいは話せばおいしく伝わるかを徹底的に考えました。でも、そうやって準備して作られた映像は、わざとらしくてとても自然体ではありませんでした。これでは視聴者に伝わりません。僕自身も楽しめません。

ノンプレッシャーで取り組んでからの「くいしん坊！　万才」は、視聴者の方に「楽しそうだ」「うらやましい」と思われているようです。はっきり言います。その通りです。

いつも心に富士山をイメージする

30秒あれば、緊張した心も身体も落ち着かせられる

緊張できるのは幸せなこと。まずそれを認識する

松岡修造も緊張します。いや、いつもです。

「報道ステーション」や講演会などの本番前には、緊張で手が氷のように冷たくなり、カタカタと音が聞こえるほど身体が震えたりします。でも、それほど**緊張できるのは幸せなことだと僕は思っています。緊張は自分が本気で頑張ろうとしている証拠だからです。**

それだけ大事な場面に立っているともいえます。

スポーツで言えば、勝負を左右する瞬間です。ビジネスでは大詰めを迎えた契約交渉だったり、一任されたプロジェクトのプレゼン直前だったりします。緊張するときとは、その場面を乗り越えると大きな成果が手に入るかもしれない状況ではないでしょうか。

まず、そこまでやって来た自分を褒めてください。震えるほど緊張する場面にいること自体が頑張ってきた証拠です。ただ、そこからが本当の勝負。緊張したままでは乗り越えられません。

修造流生き方24

緊張しない心を作る

本番前に目を閉じて30秒で心を落ち着かせる

僕は現役の頃から様々なメンタルトレーニングに取り組んできたので、いくつか緊張をほぐす方法を学んできました。たとえば、瞑想。簡単に言えば、何も考えない状態を作り出すことです。できそうでできないことなので、練習が必要かもしれません。

半眼になって瞑想を始めると不安やマイナスな考えがどんどん出てきます。息を吐くことで、それらを外に出していきます。一度出してしまったら、悪いものは戻らないと捉えてください。吸い込む空気はすべて新しい空気だけと意識することも大切です。ポジティブ空気しか入ってこないというわけです。

ポイントは、息を吐き出すときにどれだけネガティブなことを本気で出せるか。最初は1日30秒でも気分が落ち着くはずです。

本番前の30秒で落ち着ける方法もあります。

足を肩幅に開いて立ち、両腕をぶらりと下げて目を閉じます。そして両腕を振り子のように大きく前後に揺らします。その間、自分が大好きなものを思い浮かべてください。

僕は富士山です。僕のモチベーションを最も高めてくれる存在だからです。富士山を思い浮かべるだけで僕らしさを取り戻すことができます。みなさんそれぞれにあるはずです。お母さんの笑顔、子どもの顔、東京スカイツリー、実家の風景、何でもいいと思います。

そうして30秒経つ頃には、浮ついた気持ちが落ち着いて、肝が据わる感覚があるはずです。

修造流瞑想法

背筋を伸ばし、肩幅に足を開いて立ち、両腕はぶらりと下げる。目を閉じて両腕を前後に揺らしながら、自分が好きなものを思い浮かべる

修造流生き方 25

緊張した身体をほぐす

古武術で肩の力を抜く

手のひらを返すだけで肩の力はすっと抜ける

修造流脱力法

1 肘を曲げて手を前に出し、手のひらを上に向ける

2 そのままの姿勢で手のひらを下に向ける

肩に力が入らず、肩は凝らない

長い時間、同じ姿勢でいると肩が凝ります。それは肘が上がって肩も上がり、肩に力が入ってくるからです。つまり**肘が上がらなければ、肩は凝りにくくなる**ということです。そこで僕が実践しているのが古武術から学んだ方法です。肘を軽く曲げ、両腕を前に出します。手のひらを上にした状態から、PCのキーボードに手を置く感覚で両腕をくり下に向けてください。これで肘の位置がロックされ、肩が上がらなくなります。この動作をしてPCで仕事をするようになってから肩が凝ることはなくなりました。本当にラクになるので、一度試してみてください。

修造流
生き方
26

エネルギーで身体を満たす

お尻の穴を締めて
エネルギーを
ひとつにする

ここぞという場面でドンと構えられる

開けていると、良いものや気が外に出ていく

人生哲学で「絶対積極」を唱えた中村天風先生の教えから取り入れたクンバハカ法というものがあります。やり方は、お尻の穴を締めるだけです。言葉で書くと簡単ですが、意識しないとなかなか締め続けるのは難しいものです。**お尻の穴を締めると、身体中のエネルギーがひとつになってドンと構えられる感覚があります。**

あくまでも僕の解釈ですが、開けていると悪いものだけでなく良いものや気が流れてしまうような気がします。始めた頃は意識して締めていましたが、最近ではここぞという場面になると勝手に締まるようになりました。変化は、声を出してみるとわかります。お尻を意識せずに「やあ！」と言うのと締めて言うのでは気合いの入り方がまったく違います。

たとえば、僕が鮨屋で勝負の食事をするときは一貫目からぐっとお尻の穴は閉じています。開けたまま食べるのは失礼。最初は一瞬しかできないかもしれませんが、「締めよう、締めよう」と意識してやっていくと必ずできるようになります。特に、締めた方がいいのは緊張したり、人前で話したりするとき。お尻の穴を締めると、その瞬間から変わります。

修造流生き方27

仕事はシナリオ通りにはいかない

仕事は ハプニングが あるほうが 面白くなる

思い通りにいかないときは そのときに感じたことを やればいい

何が起きるかわからない緊張感が面白さにつながる

周りから「松岡さんは緊張しませんよね」と言われますが、先ほども話したように、しょっちゅう緊張しています。「報道ステーション」の本番では頭が真っ白になることもあります。本番直前、「まず、これを話して、次にこう展開して……」と考えていたのに10秒前の合図が出た瞬間に、ぼーんっ！　すべて飛んだことが何度もあります。

コピーした企画書を配って、会議室の照明を落とす。プロジェクターに最初の映像が流れて大事なプレゼンが始まった瞬間に、自分が言うべきことを完全に忘れてしまったという状態です。

信じられないことですが、一度だけ競泳の北島康介さんの名前が出てこなかったことがありました。写真を見ているのに出てこない。でも、そこで僕はストップしませんでした。「何と言っても金メダルを獲って、日本では～」と話している間に名前が出てきました。関連することを思うままに話していくと、忘れていたことがすっと出てくるものです。

生放送では、そんな緊張の連続です。だからこそ面白いと思っています。

たとえば、「報道ステーション」の中で中継する、ゴルフの全英オープンも生放送です。中継に入る時間帯は１００％決まっていますが、そのとき選手がどこでプレーしているかわかりません。石川遼さんが打つときにぴったり中継が入るのが理想ですが、その確率は10分の１ぐらい。「これを言って、あれも言って」とあらかじめ考えたことは話せないので、自分の感性を信じて伝えることだけに集中します。だからこそ、ワクワクします。僕ぐらいゴルフ場でそわそわしている人はいないかもしれませんね（笑）。

自分の言葉で話すと伝わる、自分らしさが出る

「報道ステーション」で僕は何も持たずに話しています。そうしようと決めたのは、古舘伊知郎さんのおかげです。

古舘さんはニュース原稿をすべて暗記しています。通常、ニュース番組で用意されているプロンプター（ニュース原稿を映すモニター）もありません。正しく伝えるためには、プロンプターや紙に書かれたニュース原稿を見るのは悪いことではないと思います。古舘さんはそのうえで自分の言葉でも話そうとしています。そのほうが伝わる度合いは、間違いなく大きくなるからです。だから、僕も心で話そうと、テーブルの上に何も置かな

くなりました。

仕事で何かを提案したり、契約を決めるときには間違いのないように伝えるのは大前提です。ただ、冒険かもしれませんが、そういう場でも自分の言葉で伝えられたら相手の印象は大きく変わると思います。

インタビューでも自分の言葉、自分らしさが大切です。僕はインタビュー前にシナリオを作ります。著名な方になればなるほど、いろいろなメディアでインタビューを受けているので、細かなシナリオが作れます。それを元にイメージトレーニングを繰り返します。

でも、**シナリオ通りに進まないときこそ、いいインタビューになります。**

それは、シナリオから外れたときこそ、相手が自分らしさを出してきたときだと思っているからです。ときには答えが出てくるまで沈黙することもあります。そのときは、じっくり待ちます。沈黙は相手が本当の自分を出そうとしている時間だからです。

たとえば、北島康介さんは自分の世界に入って考えてくれます。だから僕も同じような姿勢でじっと待ちます。そうすると、ゾクっとするほど深い答えを聞けたりします。

ハプニングはプラス。自分らしさが出てくる瞬間だと思ってください。

修造流生き方28

正しい断り方

断るときは、100%断る

曖昧なお断りは、相手からするとOKの返事

中途半端な返答は迷惑をかけることもある

僕はイヤなことはなるべく早く解決しようと努力しています。それが小さなことなら、なおさらです。

でも、すぐには影響がないと思うと、解決するのは明日、明後日でもいいやと思う人が多いのではないでしょうか。僕もつい延ばしたくなってしまいます。「**大変なことをしちゃいました**」**ということだったら、すぐに解決しようと動くでしょうが、ちょっとしたことは自覚症状がありません。** でも、「まあ、後でいいかな」くらいに思っていたことが思わぬトラブルになることもあります。

僕にもそういう経験がありました。今、思い返せばいい勉強になったなという出来事です。

現役の頃でした。知り合いの方から「ラジオに出演してもらえないか」と依頼されました。

僕の答えは、はっきりNOでした。遠征のスケジュールが入っていたからです。だから、「時期的にちょっと難しいですね。引き受けたいんですけ

修造流生き方28
正しい断り方

ど、多分、無理だと思います」と答えました。

僕としては、相手が気を悪くしないように断ったつもりだったんです。

ところが、僕の答えをもう一度読んでみてください。「ちょっと難しい」という言葉は、取りようによっては「何とかなるかもしれない」と読み取れます。「多分、無理だと思います」も同じです。

自分としては断ったつもりでも、言葉のニュアンスに1%でもOKが含まれていたら、何とか引き受けてほしいと思っている相手はOKだと読み取ってしまうことがあります。

そんな曖昧な状況のまま、遠征に出発する日が近づいてきました。ラジオへの出演を依頼をしてきた方から再度連絡が入ったのはそのときです。

「引き受けるって言ったよね」。

そう言われても、現役のプロテニスプレーヤーだった僕が優先しなければいけないのは遠征です。どうしようもなくなって、日程を変更してもらい出演させていただきました。でも、曖昧な答えが相手に迷惑をかけたのは明白です。そのとき、僕の心は罪悪感でいっぱいになりました。

自分の言葉や行動に対する人の受け取り方や評価は、その人によって変わるということです。

断ることは悪いことではない

だから僕は、断るときは、100%断るようにしています。

それでも人によく見られたいと思ったり、「断るのは申し訳ない」「いろいろとお世話になっている」と情が湧いてきたりします。でも、最終的に曖昧な答えが自分にとっても、相手にとっても悪いことであれば、できるかできないかをはっきり答えた方がお互いハッピーになるはずです。

そのために、まず断ることは悪いことではないと意識しましょう。

そのうえで断ると決めたら、はっきり断る。それもできるだけ早く断りましょう。時間を延ばしても延ばさなくても答えが変わらないものならなおさらですよ。

小さな成功でも喜ぶクセをつける

ほんの少しの成功でも自分を褒めちぎる

ちょっとした成功でも喜ぶクセをつける

僕は記憶力がいいほうではないので、いろいろな記憶法を学んだことがあります。あるとき、1つの記憶トレーニングにチャレンジして想像以上に記憶力がアップしました。その方法を教えてくれた先生に「すごいね！」と褒められた僕は、「先生のおかげです」と謙虚に答えました。そのときです。

「どうしてもっと喜ばないの？」

先生から言われてしまいました。そして「今までできなかったことが少しでもできるようになったら、子どものように喜んだほうがいい。そうすることでトレーニングがもっと面白くなる」。

仕事でも喜べる場面はたくさんあります。

簡単な書類整理だったけど上司に褒められた。先月よりもほんの少し営業成績が上がった。時間通りに企画書の提出ができた。周りから見れば小さな成果かもしれませんが、「よくやった。頑張ったかいがあったよね。また違うレベルに行けた」と自分を褒めることで次の仕事にも全力で取り組

修造流生き方29
―自分を褒める

む気持ちが芽生えてくると僕は思います。

もちろん、周りに言う必要はありません。ただの自慢になってしまうか、軽く見られてしまうだけですからね。ただ、せっかく脳も心も盛り上がっているのに、自分から水を差すような行動を取ることはありません。

何か少しでも結果を残したら、「お前はすごい」と心の中で自分を褒めちぎってください。もちろん、子どものように無邪気に飛び上がるほど喜んでもいいし、小さくガッツポーズをしてもいいと思います。ちょっとした成功でも喜ぶことで自分のレベルアップにつながります。そうすることで自分の力になっていくと考えたら、いろいろなことが楽しくなってくると思いませんか。その積み重ねが自分の実力になります。

一緒に成し遂げた人にも、自分にも感謝する

ひとりではなく、仲間と一緒に何かを成し遂げることもたくさんあります。会社で取り組む大きなプロジェクトには、成果を出すまで多くの人の知恵と力を借りることになります。

振り返ってみると、自分ができたことはほんの少しだと思うこともあるでしょう。なんとかそのプロジェクトが成功したとき、どう思いますか？

「みなさんのおかげです」

「○○に助けてもらって、ここまで来ました」

「○○が教えてくれたので、なんとか乗り越えました」

その通りかもしれません。でも、ひとつ忘れていませんか？　どんなに小さくてもプロジェクトに関わっていた自分自身も頑張ったはずです。だとしたら、自分を褒めることも忘れないようにしてください。

すべてが自分以外のみなさんのおかげでプロジェクトが成功したと思ったら、せっかくの成功が自分にプラス効果を与えないからです。

複数で何かひとつのことを成し遂げたら、みなさんにも感謝ですが、自分にもありがとうと感謝する。そうすることで、その成功は自分にもプラスになるはずです。

日本人は、海外の人と比べると自己アピールが苦手なほうです。謙虚な姿勢は日本人の美徳でもありますが、頑張ったことは心の中で素直に評価してあげてください。それが自分を高める力になります。

大きなベルの音を鳴らして無我の境地に入る

数秒鳴らして、ポンと切る。訪れる静寂がゾーン状態だ

心に余裕が生まれると、パフォーマンスは上昇する

無我の境地。身体にムダな力が入らず余計なことを一切考えないで集中している状態です。スポーツではゾーン状態、ゾーンに入るとも言われます。この状態こそ、僕がよく使う「一所懸命」な姿です。

一所懸命という言葉は、がむしゃらに必死になって「頑張れ、頑張れ」と冷静ではないように思われがちですが、それは正しい一所懸命ではありません。一所懸命は、「ひとつのところに命を懸ける」ことなので、まさに無我の境地に入った状態を指します。そのうえで頑張るわけですから、がむしゃらとは正反対の言葉だと僕は思っています。

がむしゃらになるのは、負けているときやうまくいかないときというイメージがあります。その状況を脱するために、なかば開き直りからとる行動なので、長く続かないと思います。身体もガチガチに力が入って、いつものパフォーマンスを発揮できないでしょう。

その点、無我の境地に入っていると8割の力で最高のパフォーマンスを引き出せます。そのためスポーツでは回復力も早く疲れない感覚があります。僕はこの状態になることを常に考えてきました。

修造流生き方30

いつでも
無我の境地になる

ゾーン状態でイメージ力を存分に発揮する

「絶対積極」の中村天風先生も無我の境地に入る方法を探していました。

その1つは、すごくシンプルな方法です。

大きなベルの音を数秒間鳴らして、ポンと切ります。音が止まると何とも言えない静粛な雰囲気が広がります。大きな音なので、聴くことだけに集中しているからでしょうか。音が止まった瞬間は、余計なことを一切考えていない無我の境地、ゾーン状態に近い感覚があります。

これは使えると思ったので、ジュニア選手の指導にも活用しています。錦織圭選手の最高のプレー映像を見せた後に、目を閉じてもらって自分も圭のようなプレーをしている姿をイメージさせます。それを何度か繰り返して目を閉じたところで、ベルを鳴らします。止めると静寂と共に無我の境地に入っています。そのまま選手をコートに出すと、みんな圭のような素晴らしい動きになります。

この方法は社外のプレゼン、社内でのミーティングで発表するときなど、集中したい、無心になりたいときにも使えると思います。僕はベルがなくても、「あー!」と声を出して止めるだけでゾーンに近い状態に入っていくことができるようになりました。

「報道ステーション」のコーナー、ジュニア選手の合宿などは僕を中心に動きます。僕が軸になって、すべてが展開します。だから、僕の言葉に力が必要です。そのとき、無我の境地に入っているかどうかで大きく変わります。そんなときに、この方法を活用しています。ゾーン状態に入っていれば、心に余裕があるのでトラブルが起きて頭が真っ白になっても、その場に合った対応ができると僕は思っています。

修造流ゾーンへの入り方

1 机の上のベルを数秒間鳴らす

2 ベルを止める

反復学習は工夫しながら繰り返す

1回1回、違いを感じながら繰り返すことが力になる

室伏広治さんは、同じ反復でも工夫する

「反復をするのは、あまりよくない」

先日、お会いしたアテネオリンピック・ハンマー投げ金メダリスト、室伏広治さんの言葉です。

僕は耳を疑いました。反復することがとても大事だと思っていたからです。同じことを繰り返すことでしっかりとした型ができ、何事にもブレない軸ができると考えています。

室伏さんの言うことをそのまま受け入れてしまったら、僕の考え方が終わっちゃうなあと思いました。でも、室伏さんと話していくうちに、反復練習はやはり必要なんだとわかりました。

たとえば、室伏さんはウエイトトレーニングでベンチプレスをするときに両端にハンマーをぶら下げます。

ハンマーをぶら下げていないときは、持ち上げるときに左右のバランスが崩れることはありませんが、ぶら下げるとハンマーが揺れてバランスが崩れそうになります。ハンマーを揺らさずに持ち上げようと思ったら、左

修造流生き方31
基本を身につける

右への力の配分を意識しながら持ち上げる必要があります。

つまり、ベンチプレスの動作は同じことの繰り返しですが、1回1回持ち上げ方を意識した反復練習ができるというわけです。

もし、ハンマーを付けずにバーベルを上げるだけだったらどうでしょう。上げるだけですから左右均等の力を意識することはないので、どちらかの腕力に偏った持ち上げ方になるかもしれません。なんとなく上げ続けていたら、途中から惰性になって姿勢が崩れる可能性もあります。

そんな反復練習で鍛えられた筋肉は、左右のバランスが悪くなったり、必要としない部分が強くなったりします。そのまま理想のフォームを求めて練習しても、筋肉自体が偏っているので、イメージ通りにはいかないはずです。結果的に、その反復練習がアスリートにとって最も避けたいケガにつながる原因にもなりかねません。

なんとなく反復は目的を見失うことになる

ほかの反復練習でも同じことがいえます。

テニスや野球の素振りなどは、なんとなくやっていたら筋力はつくかもしれませんが、本来の目的である正しいフォームを身につけることができませんから、鏡を見ながらフォームチェックをしたり、試合のシチュエーションをイメージしながら素振りするという工夫が必要です。

漢字の書き取り練習も、覚えるための大事な反復。でも、最初は意味やつくりを考えながら書きますが、最後の方になると機械的に書いていくだけになります。そうなると本当に身につかなくなってしまいます。

反復練習は、はっきりとした目的を持って、1回1回を工夫しながら繰り返すこと。それが本当に効果のある反復練習です。

室伏広治さんの正しい反復

1 普通のベンチプレスを、なんとなく続けると効果半減

2 ハンマーを両端に付けてひと工夫すると、練習した分だけ自分の力になる

修造流生き方 32

前向きに話を捉える

同じことを言われても毎回新鮮に聞く

「知ってるよ」ではなく、前向きに捉えれば成長する

言葉は同じでも状況が違うことを意識する

ジュニア選手に指導するとき、よく言うことがあります。「二度同じことを言われても新鮮に聞けるようになれ！」。たとえばテニスプレーヤーとして世界に出るには、「早く構える」ことが大事です。とても大切なことなので、何度も言い聞かせます。このとき、「早く構えることは大事なことだ」と毎回、新鮮な気持ちで耳を傾けることができれば成長できます。

テニスだけではなく、人が成長するために大切なことは、それほど多くありません。親、上司、先輩、同僚などから何度も同じことを言われる機会があるでしょう。そのとき、「そんなことわかっているから、何度も同じことを言うなよ」と思ってしまったら、せっかくの成長できるチャンスを逃すことになります。**新鮮に聞くためには素直さが最も大切です。**素直さがあれば、同じことを言われたときに「できていないんだ」と自分をしっかり振り返ることができると思います。

また、言葉は同じでも、聞いたときの状況は異なるはずです。場所、天候、季節、何より自分が変わっています。そこにいるのは、過去に同じ言葉を聞いたときの自分から確実に時間を積み重ねた自分のはずです。

修造流生き方 33
伝わる力をつける

言葉が飛んでいくように声を出す

声を文字にして遠くに飛ばす。イメージは「ギャートルズ」

手拍子を打ちながら声を遠くに飛ばす

声の出し方を覚えると表現力もついてきます。

僕は現役を退いてから、声を出していろんな人を応援したいと思うようになりました。でも、声を出すと必ずかれてしまいます。「報道ステーション」のナレーションでも二度声が出なくて代わってもらったことがありました。ナレーションは少しでも声がかれていると聞き取れなくなってしまうので、大変申し訳ない気持ちになったのを覚えています。

プロとしてこれではいけないと、岡田実音先生のヴォイストレーニングに通ったことがあります。最初に行ったときに、「今の出し方だったら、絶対にかれるよ」と断言されました。劇的に変わりましたね。**今では、風邪を引いたとき以外は声がかれることはありません。**

ここから紹介するのは、そのヴォイストレーニングで教わった方法です。声が通らないと言われている人にぜひやってほしい発声練習があります。

まず「あ」という文字がお腹に入っていることをイメージします。その「あ」をお腹からのどを通して口から飛び出させ、1メートル先の壁に当てるつもりで声を出してみてください。どうですか？　届きましたか？

修造流生き方33

伝わる力をつける

次に5メートル先を狙いましょう。その次は向こうの山まで届かせましょう。「あ」という文字を遠くまで飛ばすイメージで声を出すと、声はどんどん通るようになります。**ポイントは「あ」という文字が飛んでいくシーンをリアルにイメージすることです。**１９７０年代に放送されていたアニメ「はじめ人間ギャートルズ」をご存知ですか。声が文字になって飛んでいくシーンがあります。僕がイメージするのはその感覚です。

なかなか遠くへ飛ばせないときは、「あー」ではなく「あっ」と区切りながら発音することを心がけてください。それでも難しいときは、手拍子しながら声を出してみましょう。手を叩いたときに「あっ」。そしてまた叩いたときに「あっ」。リズミカルに声を出せるようになると、歯切れのいい「あ」になっているはずです。

こうした意識を持つと自分の声が変わります。僕の場合はこの方法で声もかれなくなりました。お腹から声を出すので声帯が関係なくなるからです。声帯を酷使しなければ、声がかれることはありません。

最後にもうひとつアドバイス。もし風邪で声が少しかれたとしても、戻す方法があります。一番低い声と高い声を交互に出す。やっている姿はおかしな光景に思えるかもしれませんが、声を戻すことができます。

岡田先生に学んだ発声練習

1 お腹に「あ」という文字が入っているのをイメージする

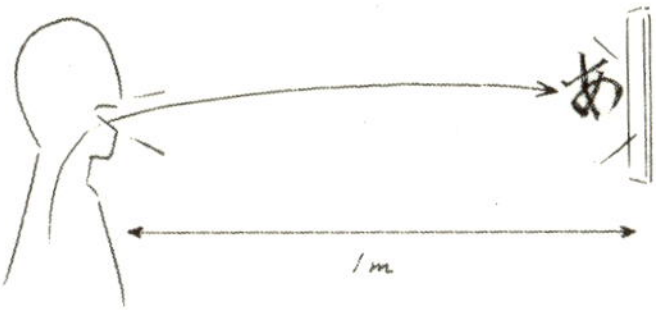

2 お腹にある「あ」を口から飛び出させて 1m 先の壁に当てるイメージで声を出す

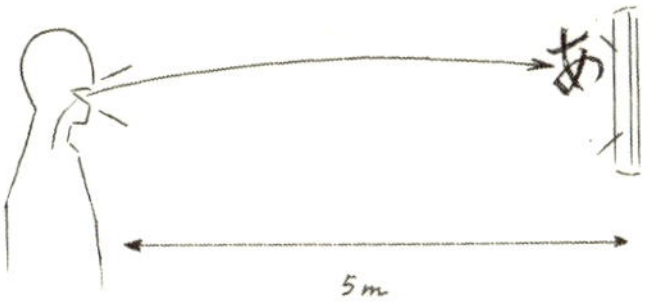

3 お腹にある「あ」を口から飛びさせて 5m 先の壁に当てるイメージで声を出す

4 お腹にある「あ」を口から飛びさせて向こうの山まで届かせるイメージで声を出す

修造流生き方34

表現力をつける

感情を込めて歌うと表現力が豊かになる

感じたまま歌えれば、自分なりに表現できる

感情を込めて歌うことが気持ち込めた話し方につながる

ヴォイストレーニングを始めてからは、ナレーションもうまくなったと思います。歌の練習で本当に話しかけるように歌いなさいと教えてもらったからです。**たとえば、「こんにちは赤ちゃん」。本気で赤ちゃんに話しかけるように歌ってみると、これまでとは違った歌い方になります。**

この方法を感受性が弱く、言われたことしかやらないジュニアの選手の指導に使ってみました。SMAPさんの「世界に一つだけの花」の歌詞を渡して、自分なりにメロディを作って歌いなさいと指示しました。最初は何のトレーニングなんだ？　と思ったはずです。でも、その練習を繰り返したことで、どんなボールも同じように打ち返していた選手が緩急をつけられるようになりました。自分なりに表現する力を、いつのまにか身につけていたというわけです。

メロディに合わせるのではなく、感情を込めることに意識を集中して歌うだけです。そうすることで話すテンポやリズムにも自分の気持ちを込めやすくなると思います。

ぜひ、みなさんも一度、試してみてください。

残像トレーニングで集中力をアップする

目を閉じて浮かんでくる残像は雑念があればすぐ消えてしまう

集中とは心をひとつにすること

集中力がないと言ったら、僕ほどの人はあまりいないと思います。子どもの頃からずっと集中力散漫だと言われてきました。ただ、明確な目的が見えているときは集中力を発揮します。たとえば、年に一度くらいしか出ないバラエティ番組の出演が決まったときの集中力は、すごいものがあります。

つまり、**どんなことでも好きになれば集中力を発揮できるのです。**

そんな「集中」という言葉ですが、正しく捉えなければいけません。集中したいときに、自分自身で「集中しろ、集中しろ」とつぶやく人がいます。でも、それは「集中しろ」ということに集中しているだけで、本当の意味での集中している状態にはなっていません。

集中とは心をひとつにすることです。

そのために**考える対象をひとつに絞ってください。そうすれば集中力は増します。**脳も身体も一点集中になったとき、自分のすべてをそこに注ぎ込むことができます。本気で向き合うことができます。

修造流生き方35
集中力をアップする

集中力が途切れると、目の前の絵柄も見えなくなる

集中力を高めるために、僕がおススメするのは残像トレーニング。カードに書かれた絵柄の中心を20秒ほど見て、視点はそのままに軽く目を閉じます。そうするとまぶたの裏に絵がぶわっと見えてきます（残像メンタルトレーニングメソッド http://rct-zanzo.com/）。

本気で見ていれば、びっくりするぐらいにその残像は見えます。でも、「今日の夕飯は何を食べよう？」と思った瞬間に、パッと消えます。余計なことをひとつでも考えたら、集中力が途切れるので残像も消えるというわけです。

もう一度集中力を高めると、また残像が見えてきます。イメージするわけではありません。目の前にある絵柄を目を閉じて見ているということです。僕も体験してみてわかりましたが、集中しているかどうかが、これほど明確にわかるトレーニングはありません。同時に、余計なことをこんなに考えているんだということに気づきます。

ただし、残像トレーニングは何となくやってしまったら、何の意味もない時間を過ごすことになるので、やるときは真剣に取り組んでください。

トレーニングを積むと2分、集中力がある人は5分くらいは、はっきりと残像が見えるようになります。現役を退いてから僕は始めましたが、集中力を高めるのに有効だと実感しています。

トレーニングを積んでいない人でも、集中していれば30秒は見えます。でも、集中していなければ0秒。何も見えないと思います。それはあなたが雑念だらけということです。

修造流残像トレーニング

1 カードに描かれた絵柄を 20 秒間見る

2 そのままの状態で目を閉じる。まぶたの裏に絵柄が浮かんだら成功。浮かんでいる時間が長ければ長いほど集中力があることになる

左右の人差し指を使って視野を広げる

視野が広がれば仕事にも生活にも新たな発見がある

視野が広がると、考え方の幅も広がる

左右を見るときに首を動かす人は多いと思います。

スポーツでは軸が動かない方が身体は次の行動を取りやすくなります。そのため正面を見たときに、そのまま180度くらいの視野を確保できるのはとてもいいことです。

視野が狭くなると、考え方も狭くなるような気がします。視野を広くすればするほど、いろいろな情報を掴むことができるので、考える幅も広くなると僕は思います。目の前にある言葉や物事だけに捕われることなく、広い視点で捉えることができるようになるのではないでしょうか。

簡単に視野を広げる方法があります。

両手の人差し指を立てて左右に腕を伸ばします。その状態で左右の人差し指を見ようとしたら、首を曲げて見ると思います。でも、それでは視野が広がりません。

では、視野を広げてみましょう。

目だけ動かして左右の人差し指を見るようにします。まず、右手の人差し指から。見えたところでストップ。左手の人差し指がかすかに見えると

思います。では、左手の人差し指を意識しながら、1、2、3で目を左に動かします。左の人差し指が見えますが、右の人差し指もかすかに見えるはずです。次に、そのかすかに見える右の人差し指を意識しながら、同じように1、2、3で目を右に動かします。この動作をどんどんスピードを上げながら繰り返していくと、左右どちらに目を動かしても左右の人差し指が完全に視野に入るようになります。

目の移動を繰り返しながら、腕を耳の後ろぐらいまで引いていくと視野もどんどん広がります。視野が広がれば、余計な運動をしなくても全体が見渡せるようになります。

正しい目の使い方がいいパフォーマンスにつながる

人が情報を得るとき、その多くは目から入ってきます。だから、**正しい目の使い方ができないと、ずば抜けた技術やどんなに強いメンタルがあっても、いいパフォーマンスを発揮できません。**

たとえば、正しく目を使って視野を広げておけば、クルマの運転がより安全になります。左右から道路を渡ってくる人の姿をしっかりキャッチできたり、走っているほかのクルマの状況もよくわかるようになるはずです。

また全体を見渡せるようになると、会社全体の雰囲気にも気がつけるようになると思います。上司や部下の動きを把握しながら全体を見て仕事に取り組むことができたり、企画の外側にある考えや思いにも目が届くようになるのではないでしょうか。

視野を広げるだけで、目の前の仕事や生活の違った姿が見えて面白くなる可能性が高いと思います。方法は今すぐできるほど簡単なので、ぜひ一度試してみてください。

修造流視野を広げるトレーニング

1 両肘を上げ、両手の人差し指を立てる。目だけを動かして右手に注目する。左手がかすかに見える

2 かすかに見えている左手を意識しながら1、2、3で目を左に移動して左手を見る。左右何度も繰り返し、どちらを見ても反対側の指が自然に見えるようになったら合格

修造流メンタルケア
毎日を元気に生きる!

修造流生き方37

いつでもどこでも感謝する

「ありがとう」は、語尾をやさしく

みんなを幸せにする
浅田真央さんの
「ありがとう」を参考にする

誰の心にも残る「ありがとうございまーす」

僕は、フィギュアスケートの浅田真央さんの「ありがとうございます」が大好きです。

真央さんは語尾をやさしく伸ばして「ありがとうございまーす」と言います。誰に対してもその言い方は変わりません。僕がいいなと思うのはその発音ではなく、真央さんが口にしたときに生まれる空気です。とても心に残ります。彼女の「ありがとうございます」には感謝の気持ちが込められているのはもちろんですが、耳にした人の気持ちを和らげて、みんなを幸せにする「ありがとう」です。最近は、ようやく本来の浅田真央の滑りになってきましたが、結果が出なかった時期でも真央さんからみんなを幸せにする「ありがとう」が消えることはありませんでした。

僕は、そんな真央さんの「ありがとう」を参考にしています。

それまでは「ありがとうございましたっ！」とつい、はっきり言ってしまっていたのですが、それでは威圧しているのではと思ったからです。とくに女性はそう感じると思ったので、真央さんを見習った「ありがとう」を意識するようになりました。

「ありがとう」は、最後まではっきりと

「ありがとう」は前向きな言葉

「あざーす」は相手に届かない

「ありがとう」と言うときは、しっかり最後まで言い切ることを心がけてください。「あざっーす」「あした」と適当に短く言う人がいます。僕も高校時代は「こんにちは」が「ウス」になっていたし、「あざっーす」も使っていました。でも、これは言葉ではないと思います。**はっきり「ありがとう」と言わなければ、相手に届かないのではないかと思います。**僕もそうならないように心がけています。

日本には「ありがとう」と同じように感謝の意を表す言葉として「すみません」という言葉があります。個人的な見解になりますが、この「すみません」は謝罪の言葉としても使われるので、自分が悪いことをしていないのなら、あまり使わない方がいいのではないかと思っています。

「ありがとう」はとても前向きな言葉ですが、「すみません」はどちらかというと消極的な言葉です。必要ではないときに使うのはどうかと思います。もちろん、相手の心に入っていく「すみません」はOK。僕もよく使います。「すみません」と言ったら「いや、そんなことないですよ」と返ってくる状況で使うもの。会話のテクニックとして使うならいいと思います。

修造流生き方 39

鏡の前で自分に語る

毎朝、鏡に映る自分に向かって言い聞かせる

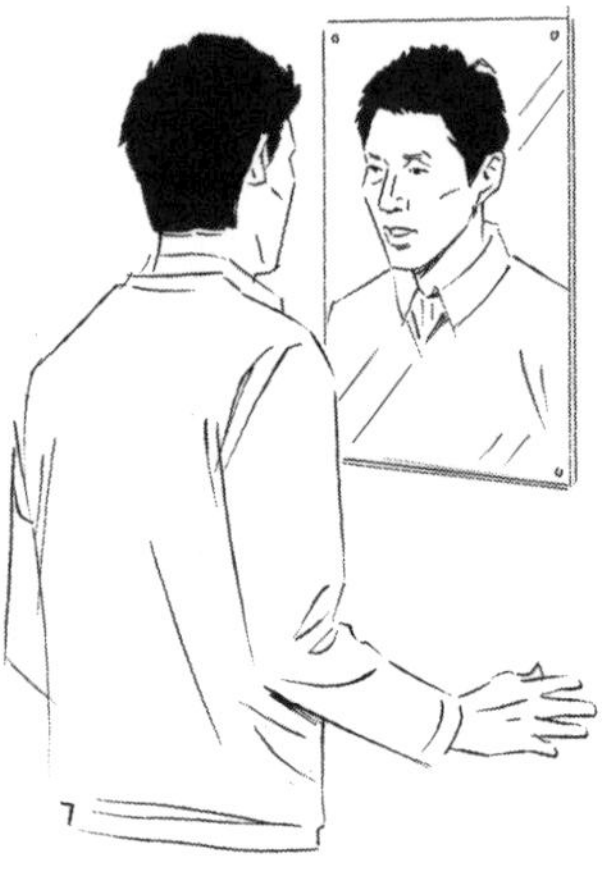

重要なことは繰り返す
スムーズに言えなかったら
もう一度

自分のやるべきことを自分に言い聞かせる

中村天風先生が一日の始まりに言う言葉があります。

"今日一日
怒らず　恐れず　悲しまず、
正直　深切　愉快に、
力と　勇気と　信念とをもって
自己の人生に対する責務を果たし、
恒に平和と愛とを失わざる
立派な人間として活きることを、
自分自身の厳かな誓とする。"

※「幸福な人生～中村天風「心身統一法」講演録」より引用

僕はこれを自分なりに少しアレンジしています。

"独立決断
自分はケガ、病気は絶対しません

鏡の前で自分に語る

怒らず、恐れず、悲しまず
正直、親切、愉快
力と勇気と信念とを持って
自己に対する責務を果たし
愛と平和とを失わざる今日一日
（家族の名前を入れて）厳かに生きていくことを誓います。”

この言葉を僕は、毎日、朝起きたときと夜寝る前に鏡に向かって声に出して言います。始めたのはウィンブルドンでベスト8に入ったときからです。毎日続けていますが、この言葉を言い切るだけで、毎回気持ちが前向きになります。でも、朝「ケガ、病気はしません」と言いながら、内心、今日は風邪かもと思うときもあります。「誓います」まで言って、その30秒後に妻とケンカしたこともあります。だから、気になる部分、たとえば「怒らず」を何度も言ったり、スムーズに言えなかったらもう一度、最初から言うときもあります。**僕の中でキーポイントになるのは、「怒らず、恐れず、悲しまず」**。まず、これができることを目指します。それができて「正直、親切、愉快」以降ができると思っています。

なぜなら、「怒らず、恐れず、悲しまず」は自分がやるべきことだからです。そのほかは誰かにすることです。自分がやるべきことをできない状態で、誰かに何かができるとは思えません。

鏡の前なら効果は2倍

ただ、「怒らず、恐れず、悲しまず」は難しいと思います。怒らずは誰かに憤りを感じること、恐れずは何かに不安を抱くこと、悲しまずは辛いことや落ち込むことに近いでしょう。考えただけでも難しいですよね。

ただ、毎日、**言うことで言葉は身体に染み込んでいき、自然に行動できるようになります。**また、積極的な言葉を使うことで、消極的な自分を消していけるというメリットもあります。そうすれば、自分が目指す心に変わっていくのは間違いありません。しかも、鏡に映る自分に言い聞かせながら、鏡の中の自分にも言われている感覚があるので何も見ていない状態よりも2倍の効果があります。

ちなみに、大声を出す必要はありません。小さな声でも強く言葉を投げかけるイメージで話してください。

笑うときは顔の筋肉全体を使って大げさに笑う

シンプルに捉えて思い切りやってみる

メンタルトレーニングは深刻に考えないこと

メンタルを強くする方法や情報はたくさんあります。でも、メンタルトレーニングはいたってシンプルです。「積極的と消極的、どっちがいい？積極的に生きたほうがいいよね」。簡単に言えば、それだけです。そのための方法論がたくさんあるということです。

だから、その方法を実践できないからといって、深刻に考えないことです。深刻になると、メンタルを強くするつもりが逆にダメージを与える結果を招いてしまいます。すぐにできる必要はありません。「できる」と思うことが大切です。

メンタルトレーニングの効果をより上げるには、大げさにやるといいでしょう。たとえば、表現力をつけるために鏡を見ながら笑ってみなさいと言われたら、少し表情を崩すぐらいではダメです。顔の筋肉全体を使って大げさに笑いましょう。口の端を上げるだけのニッではなく、顔全体を使ったニカッです。

少し無理をしてでも大げさにやると、効果的なトレーニングになります。大げさにすることで自分の変化を実感することもできます。

修造流生き方 41

イメージと錯覚で体をコントロールする

風邪ぐらいならイメージ力で乗り越える

ここぞという場面なら心の持ち方ひとつ

風邪ぐらいなら、心の持ち方ひとつで乗り越えられる

アスリートは病気に強いイメージがありますが、実は皆さんよりも病気に弱いと思います。というのは、アスリートは肉体的にも精神的にも極限まで追い込んでトレーニングするからです。そのため、体力的に抵抗力が低下するのはもちろん、普通の人は気にしない体温の変化にも病気ではないかと敏感になってしまうことがあります。

松岡修造はいつも元気で半袖、半ズボンというイメージがありますが、僕も弱いんです。普通の人であれば10の症状が出て風邪だと思うところを、1の症状で風邪だと断定することもあります。現役時代、当時世界最高のプレーヤーといわれたピート・サンプラス選手に勝ったときは、試合前に38度の熱がありました。父に電話で「熱がある」と泣き言を口にすると、「じゃあ、帰って来い！」。励ましてもらえると思っていた僕は、その言葉で開き直ったのか、熱のことを忘れて戦って勝利を掴むことができました。結局、**ここぞという場面だったら、多少の体調不良は心の持ち方ひとつで乗り越えられる**ということです。もちろん無理をする必要がないときは、休養をとってしっかり治してください。

修造流生き方 42

イメージ力で行動が変わる

勝利の瞬間までイメージできると、実現は近くなる

いいイメージは、
脳にも身体にもプラスに働く

細かく、はっきりとイメージする

イメージトレーニングは、どこまではっきりとイメージできるかで驚くような結果を導き出すことができます。

僕は現役時代、何度も大きなケガをしました。とくに膝をケガしてしまうと、ほとんど練習できません。そんなときこそ僕は、イメージトレーニングを大切にしていました。ただ単にボールを打ったり、試合をイメージするだけではありません。試合当日の行動を朝から試合終了後まで細かくはっきりと頭の中にイメージするというものです。

起きて、準備を整えて、移動して、試合会場に入る。試合前のウォーミングアップをして、テニスコートに立つ。相手選手は○○。試合は激闘です。ポイントを取って取られてを繰り返して、最終的には勝利を掴み取ります。勝ったことを無邪気に喜んで相手選手と握手をして、優勝トロフィーを掲げている姿までイメージしていました。

それが**相手選手の表情やボールの軌道など、本当に細かいところまでイメージできたときは、実現します。**僕がウィンブルドンの前哨戦でステファン・エドバーグ選手に勝ったときは、まさにそのイメージ通りでした。

修造流生き方42

イメージ力で行動が変わる

イメージできることは、必ず到達できること

これまで取材してきた一流アスリートの方も同じ経験をしていました。ロサンゼルスオリンピック、体操の金メダリスト、具志堅幸司さんです。オリンピック前に大きなケガをした具志堅さんは、トレーニングができない日々を過ごしていました。でも、具志堅さんはネガティブにならず、黙々とイメージトレーニングをしながら、自分の演技を磨いていたそうです。特に、苦手な平行棒の演技は細かくイメージしたと言っていました。平行棒を最初にどう掴んで上がるか。最初の技から次の技に展開して……、という具合に。そしてケガが癒えたとき、それまで一度もできなかった技ができたそうです。しかも、筋力もついていたというのですから驚きです。

「できない」「無理だ」と少しでも疑いを持っていることをはっきりイメージするのは難しいと思います。たとえば、目の前にある5mの壁を乗り越える。壁の向こうに降り立った姿はイメージできるでしょうが、「これはとても無理だ」と思いながら壁を眺めていると、どうやって壁を登るのかなかなか明確にイメージできないと思います。

その点、**「実現できる」「必ずできる」と思ったことは、細かなところまではっきりイメージできるはずです。**具志堅さんや僕のように。なぜなら、そのイメージはあなた自身の力だからです。イメージできることは、必ず到達できることなのです。

ただし、今よりもほんの少し成長した自分でなければ到達できません。たとえば、営業職のあなたがトップの営業成績で表彰されている姿をイメージする。それだけでは、ただの憧れです。表彰されるために何をしなければいけないのかを、さらに細かくイメージしてください。

営業をかける企業はどんなところか。そこで契約を取るためにどんな資料が必要か。営業する相手に自分はどんな話し方をするのか。イメージしていくと、今までのやり方では足りない部分に気がつきます。

つまり、今まで以上のことをしなければいけない。だから、「今まで以上」の部分を明確にイメージします。そうやって細かくイメージして到達までの道筋がはっきり見えてくれば、実現が近くなります。

修造流コミュニケーション術

絆を強くする関係をつくる!

修造流生き方43

いつでも聞く体勢になる

怒られても、
嫌なことを言われても、
まずは「はい！」

コミュニケーションの失敗は次の機会の大きな糧になる

聞く耳を持たないと、全員が敵のような感覚になる

現役を退いた後でした。僕はジュニア選手を育成するための「修造チャレンジ」を起ち上げたいと思っていました。少しでも日本人選手が世界に出ていくサポートをしたいと、気合いが入っていたのは言うまでもありません。その想いを日本テニス協会のトップの方々に話す機会がありました。

「こうしないと日本のテニスは変わらないんだ」

「これでは世界に通用する選手は出てきませんよ」

僕は松岡修造のイメージのまま、熱く語りました。

振り返ると、ただ**単に熱く語っていただけで本当の気持ちは伝わっていなかったと反省点ばかりが目につきます。**僕の話を聞いてくれた方々は、テニス協会の中でたくさんの経験を積んでいます。その視点から「修造チャレンジ」の企画に合うアドバイスもあったはずです。でも、僕は聞く耳を持たずに、こうじゃないと世界に出ていけないの一点張りでした。

当時は全員が敵という感覚になっていたのかもしれません。ただ、そういう感覚にしたのは、紛れもなく自分だったと今は思います。

修造流生き方43

いつでも聞く体勢になる

僕は、そういう失敗を通してコミュニケーションを学んできました。たとえば、相手が話している最中に言葉をかぶせて、途中で話を終わらせないようにすること。初対面の人と話すときには、まず「聞く」ことから入ること。本当に大切だなと思うことは自分に置き換えながら聞くこと。即座に質問されても答えられる体勢を整えておくこと。数え上げたらきりがありません。

聞いてみないとわからないことがたくさんある

といっても、若いときには冷静さを失って、熱い気持ちだけを優先することもあります。

「この会社はこのままではダメなんだ」「これでいいんですか?」と感情のままに上司に詰め寄ってしまう。実は説得できるだけの提案があっても、気持ちが先走ってしまうと伝え方を間違ってしまいます。そうなると実現すれば、素晴らしい企画だったのに、そのことが原因で先送りにされることもあるでしょう。

そんなときは、まず聞くことが大事です。でも、気持ちが熱くなっているとそうもいきませんよね。そこで、**相手に何かを言われたら、どんなに嫌なことでも「はい」と言ってみてください。自分自身が聞く体勢にすんなり入っていけます。**

そうして耳を傾けてみると、相手の話す内容が自分の考えにとても有効なアドバイスだと気づくことがあります。実は、聞いてみないとわからないことがたくさんあるものです。

そのうえで、「確かにその部分は大切です。でも、ここを変えるだけで大きな違いを生み出せると思いませんか」と返したら、自分の企画に対する相手の捉え方は変わります。協力してくれる可能性も高くなります。

自分から敵を作るようなことをする必要はありません。相手が自分よりも経験豊富な上司だったり、全く別の分野で活躍している人だったらなおさらです。

まず耳を傾けることで、自分の提案や企画が通りやすくなるのはもちろん、もっとレベルの高い企画にするためのアドバイスを得る大きなチャンスになるはずです。

修造流生き方 44

人前で話をするとき

聞いてくれている人を見て話す

話している間は
外見で聞いてくれる人を探す

頷いてくれる人を見ると話しやすい

複数と話す、会議で意見を言う、壇上に立って大勢の前で話す。苦手な人も多いと思います。なぜ、苦手だと思うのか。聞いている人の態度が気になるからではないでしょうか。

人にはそれぞれ聞く姿勢があります。ある人はずっと下を向いていたり、目を閉じて寝ているように見える人もいます。もちろん、本当に眠っている人もいます。話す側から見ると、とても気になります。「聴いてないのか！」と怒りたくなりますよね。同時に、自分の話は退屈なのかと思います。

それは、自分が話すときにマイナスな部分にばかり目がいっているということです。だから、緊張して話せなくなったりするのです。でも、本当に聞いているかどうかは、本人に聞かないとわかりません。会議などでも眠そうな表情の人がとても的確な意見を出してくることもあります。

つまり、**聞いているかどうかを気にする必要はない**ということです。さらに言うと、自分が話すことにプラスになる人もいます。話す言葉に頷いたり、目を見てくれる人です。人前で話すときにはそういう人に向かって話してください。とても楽な気分で話しやすくなるはずです。

修造流生き方 45

平常心でコミュニケーション

怒りを覚えたら、頭の中で歌を歌う

感情的になりかけたら
ゆっくり息を吐き出す

夫婦げんかのあとは、子ども相談室

普段の僕は、物事に対してとても冷静に対処できる人間だと思っています。でも、**家庭では感情を抑えられない自分になってしまいます。**

僕には3人の子どもがいます。たとえば、子どもたちが算数の宿題をしているとき、妻は自分のことをしないで子どもを見ていますが、1対3では追いつきません。そこで手伝ってほしいと言われますが、僕はPCでメールをチェックしたり、気になっていた新聞の社説を読んだりしながら傍らに座っているという感じです。

子どもから「これ、わからないんだけど」と聞かれたら、ちゃんと答えるときもあれば、仕事でメールをすぐに返信しなければならないときなどは、「それは、気持ちで頑張れ」と答えてしまうときもあります。そうすると「なぜ、しっかり見てあげないの？」と妻に言われ、その言葉で僕の怒りスイッチが入ります。

「しっかり見てるだろ！」

思わず、声を荒げてしまいます。家族だと、ちょっとしたことでカチンときてしまうのは事実です。モードを変えずに妻の言葉を素直に受け入れ

修造流生き方45

平常心でコミュニケーション

られれば、「ちゃんと見ていなかった。ごめんね」と言えるはずです。

最近、そう反省することができるようになってきました。

そこで僕は子ども相談室によく入っています。僕の子どもに相談に乗ってもらうということです。たとえば、僕と妻が口論になった後に「どっちが悪いと思う？」。子どもは「どっちも悪くない」と必ず答えます。

「お父さんは少しイライラしていたから、こう言ったでしょ。お母さんはお父さんのことをすごく想っているからこう言ったんだよ」

的確な分析なので「そうか、気をつけるよ」と素直に答える僕がいます。

感情的になりかけたら深く息を吐く

仕事で感情的になりかけたときは、相手に聞こえないように息を深く吐きます。僕にとっては、一番効果的な方法です。

実は怒りをそのまま表現して、感情に任せて話すと気持ちいいんです。波に乗っている感覚があります。でも、仕事をダメにする可能性があるし、信頼を失うかもしれません。怒っていいことはあまりないんです。自分の納得がいかないことは、冷静かつ具体的に伝えていけば、相手も多少は理解してくれるはずです。自分にもいい形で返ってきます。
　相手が感情的かどうかはすぐにわかります。感情に押されて話しているだけなので、内容が理に適っていないからです。極端な方法ですが、そういうときは頭の中で歌ってみてください。するとすーっと怒りが抜けていくのがわかるでしょう。相手の感情的な言動に、自分も感情で反応すると、売り言葉に買い言葉。意味のない口論で時間のムダになるだけです。でも、歌は頭の中だけで。くれぐれも口ずさまないように。

修造流怒りの抑え方

1 ムカッときたら……

2 頭の中で歌を歌い始める。そうすると怒りが抑えられる

修造流生き方 46 ― 話の聞き方

最後まで聞いて、すべてを受け止める

カチンときて反論したらそれで終わり

わざとらしくないおうむ返しは、話す人に安心感を与える

「思ったよりしゃべらないね」

意外かもしれませんが、僕がよく言われることです。基本的に僕は話すよりも聞くほうが好きなんです。聞きながら話している人を乗せるのが好き、といったほうが正しいでしょうか。

「なぜ？」「どうして？」

相手が話しやすいタイミングでよく合いの手を入れています。話が乗ってくるとより面白くなってその場が楽しくなります。

もう一つ、よく使うのがおうむ返しです。たとえば、「この間、表参道を歩いていたら○○さんに会ったんだよね」「○○さん、表参道とか行くんだ」と相手の言ったことを繰り返すコミュニケーションの方法です。

話をしている人に「聞いている」という安心感を与えられるし、一緒になっているという気持ちにもなります。ただ、わざとらしくなると右から左に流されていると思われるので注意しましょう。

修造流生き方46
話の聞き方

話が終わるまで待ち、すべてを受けとめる

僕はジュニア選手の合宿で聞き方を指導するためにこんなことをやっています。

「今の自分の考えや思いを伝えてくれ」と言いながら、あえて適当に聞き流しているような態度を取ります。話し終わった選手に感想を聞くと「すごくイヤでした」と答えます。今度は「そうか」「そうなんだ」と頷きながら聞くと、「とても話しやすかったです」と言います。

どうしてこういうことをするのかというと、正しい聞き方を教えるためです。そして悪い聞き方をされたときの相手の感情に気づいてほしいと思っています。

話の聞き方としては、すべてを受け止めるという方法もあります。

「報道ステーション」のミーティングでは僕よりもスタッフの方が優れている部分があります。アイデアも、持っている情報も豊富です。そんなスタッフの意見を僕が途中で遮ったら、話しづらくなります。同時に、僕は損をします。いいアイデアが聞けるチャンスを逃しているわけですから。

だから、僕は「こう思うんだよね」とひと言、口にした後は、スタッフの意見をすべて聞くようにしています。

周りから見ると、「報道ステーション」のミーティングは僕がスタッフに責められているように映るかもしれません。僕のひと言にスタッフ全員が一斉に意見を出してきて、徹夜続きのときには言葉遣いが荒くなることもあります。そんなときに、「ふざけるんじゃやない！」と僕がカチンと来たら終わりでしょう。でも、そうはなりません。なぜなら、僕もスタッフもお互いのプロフェッショナルな部分を尊敬しているからです。

相手が話し終わるまで待つ姿勢も大切です。

言いたいことを10秒で伝えられる人もいれば、1分かかる人もいます。途中で口を挟んだ時点で、口下手な人はそれ以上話せなくなります。焦ってしまうからです。本当だったら、いい情報をもらえたかもしれないのに口を挟んだばっかりに聞き逃してしまうことになります。

そうならないためにも、とにかく最後まで聞くことが大事です。ちゃんとした情報が欲しいなら、最後まで待つ姿勢を崩さないようにしましょう。

修造流生き方47

逃げ腰コミュニケーションは×

いきなり天気の話から始めない

人を感じて雰囲気を読めば楽しい会話になる

相手を感じれば、ありきたりな話題にはならない

何を話していいのかわからないとき、簡単に浮かぶ話題があります。「今日はいい天気ですねえ」という天気の話です。

決して悪いことではありませんが、**僕自身はできるだけ天気の話をしないように心がけています。どこか逃げている気がするからです。**もし、天気の話をするとしても、ありきたりなことは言わないようにしています。

たとえば、先日ロシアに行く機会がありました。そこで現地の方に「寒いですね」とは言いません。天気の話をするなら「ホントに身体が強いんですね」という話題から始めると思います。

天気ではなく、相手に合った話をしようと思ったら、人を感じる以外にはないと思います。たとえば、「くいしん坊！　万才」。僕と会話をするのは素人の方ですから、なかなかうまく話せない人もいます。

そんなときには「これが有名なんですよね」といった土地のことや「これはどう思いますか？」と相手の考えを聞いたりします。どれが正しいとは言えませんが、人を感じて雰囲気を読んだうえで出てきた話題であれば、きっと楽しいコミュニケーションができると僕は思います。

間違ったら、まず謝る

謝るときは「申し訳ありませんでした」が先！

言い訳が先では謝っているようで謝っていないことがある

言い訳ばかり並べていると印象はどんどん悪くなる

間違ったことや悪いことをしたら、まず謝ろうと僕は思います。当たり前のことですよね。でも、誤解される謝り方をしている人がいます。

みなさんは謝る人が目の前にいたらどうしますか？

最初に言うのは「申し訳ありませんでした」のひと言だと思います。でも、なかなか謝らない人がいます。何をしているかと言えば、ずっと言い訳を並べているのです。

どうして間違ったことをしてしまったのかを延々と話していたりします。そうして最後の最後に「申し訳ありませんでした」。謝られるほうから見れば、謝ってもらった気分にはならないはずです。

次々に並べる言い訳には、謝る側の自分を肯定する空気が詰まっているからではないでしょうか。間違ったことをしたけれど、いろいろなことが重なって間違ったのだから仕方ないんです、というふうに聞こえます。

「それでは仕方がないよね」という言葉を引き出したいのでしょうが、これでは謝っているようでまったく謝っていないと僕は思います。

身内には「ごめんね」、先輩や上司だったら「すみませんでした」、取引先だったら「申し訳ありませんでした」。たったひと言なんですが、口に出すには勇気が必要です。

言い訳を並べているほうが楽です。そのうえで「だったら仕方がないね」と言ってもらえたらラッキーだと思うかもしれません。でも、相手は全く謝ってもらった感覚はないと思うので、その場はなんとか乗り切っても印象は悪くなるはずです。

最初から最後まで「申し訳ありませんでした」の気持ちを忘れない

僕はそう気づいてから、謝るときには相手に会った瞬間、「申し訳ありませんでした」と言うように心がけています。そのうえで、こういうことがあったと事情説明します。僕のことを理解してくれている人なら「それ以上はもういいです」と気持ちをさっとくみ取ってくれます。

とにかく悪いことをしたら、**まず謝ること。僕はこれを家族の中でできたらいいなと思っています。つい家族の間では甘えが生じるので、言い訳だけで終わらせようとします。**僕もそうです。そんなときに、「今日はごめんね」のひと言が最初にあって説明を加えてくれたら、僕はすぐに「それは仕方ないね」と言って終わりにするはずです。

ただ、言い訳しようと説明を始めると、ストーリーを面白くしたいからと大げさに話してしまいそうになりませんか。実は、これが最も危ないことです。特に、数字は要注意。聞くだけなら面白いで終わりですが、仕事が絡んでくると数字のウソは大きなミスにつながります。

謝るときは、会話が終るまで「申し訳ありませんでした」の気持ちを忘れないようにしましょう。

修造流謝り方の基本

1 謝らずに言い訳をダラダラと話してしまうのはNG

2 謝るときは最初に「申し訳ありませんでした」

おわりに

性格は変わらないが、心は変わる！

せいかく【性格】を辞書で調べてみると、「その人固有の感情・意志の傾向」とあります。僕は、性格は生まれ持ったもので変わらないと考えています。

こころ【心】も辞書で調べてみましょう。「知識・意志・感情などの精神活動」とあります。この心というものは変えられると僕は思っています。

自分らしさと言い換えることができる性格を大切にして、心を変えてきたことで大きく成長したプロテニスプレーヤーがいます。2011年に、僕が現役時代に記録した男子シングルス日本人最高ランキング46位を大きく更新し、2012年には全豪オープンでベスト8進出を果たした錦織圭選手です。

僕は圭の成長する姿を11歳のときから見てきました。最初に出会ったときから、彼には飛び抜けたテニスの才能がありました。

ただ、圭はいい意味での〝easygoing（のんきな性格）〟。だから、いつも力が抜けていて人の話を聞いていないんじゃないか、一所懸命やっていないんじゃないかと捉える人がいました。僕とは正反対です。僕は何をするにしても一所懸命やっているように見えるタイプです。圭はそんなふうに映らない。でも、実際は負けず嫌いで努力を惜しまないプレーヤーです。

僕はそんな圭のテニスも性格も変えようとは思いませんでした。もし、頑張っているように見える行動を取りなさいと指導していたら、多分、ここまで活躍できる選手に育っていなかったと思います。

そこに錦織圭らしさがないからです。でも、そこを見分けられる人は非常に少ないと思います。実際、僕が圭の性格を変えようとしないことに意見してくる人もいました。

最初に書きましたが、僕は性格は変わらないと思っているので、圭らしさをなくそうとはまったく考えませんでした。それよりも僕が注意深く見ていたのは、変えることができる圭の心の部分です。

錦織圭は人前で目立つことを嫌いません。でも、人前で何かを発言したり、自分がやりたいことを誰かに伝えるのは、得意ではありませんでした。一言でいえば、表現力がなかった。そのままでは世界に出たときに練習相手を探したり、自分をアピールすることができません。世界という厳しい舞台で戦っていくことはできないのです。

今でも圭は表現することが得意とはいえません。でも、心のあり方を変えた圭は、世界中の記者が集まる会見などでも臆することなく、しかも英語で答えています。

では、改めて性格とはなんでしょう。それは自分の軸になるものです。そんな性格を無理に抑え込んだり、誰かに合わせて変えると自分の成長にはつながりません。たとえば僕の性格は同じことを何度でも新鮮に味わえること、目標が定まれば努力、忍耐を惜しまないことだと思っています。でもそれは同時に、頭が固くて融通が利かないということでもあります。

一見マイナスに見える部分も、捉え方によってはプラスに働きます。たとえば何事も消極的に考える人がいたとします。最悪のことばかり意識するという点ではマイナスに思えますが、だからこそ最悪の事態にいつでも備えて準備ができているともいえます。

それも個性であり、間違いなくその人にとっての宝です。

「そんな自分らしさが簡単に見つかれば、苦労はしないよ」という人がいます。確かに、簡単には見つからないかもしれません。でも「自分の武器はなに？」「自分らしさはどこ？」と自分に問いかけ続けることにより、必ず見えてくるはずです。

なぜなら自分らしさは自分の中にあるものだからです。そのうえで心を変えられれば自分の成長につながります。心を変えることは、なんとなくの努力ではできないかもしれません。

ただ僕は断言します。自分の心の置き方次第で心は必ず変えることができ、その結果、周りからの見え方、関わり方が変わってくるということを。心が変わると変えてはいけない本来の自分らしさが愛おしく思えてきます。その先には成長した自分に会えるという楽しさが待っています。

あなたなら、きっと本当の自分に出会える。


最後まで読んでいただきありがとうございました。

松岡修造

人生を変える

修造思考！

発行日　2012年4月18日　第1刷
発行日　2015年6月25日　第21刷

著者　　松岡修造

デザイン	細山田光宣（細山田デザイン事務所）
撮影	森モーリー鷹博
スタイリスト	中原正登（フォーティーン）
ヘアメイク	井草真理子、鎌田裕嗣（APREA）
イラスト	竹田嘉文
制作協力	IMG東京支社
編集協力	洗川俊一、洗川広二
校正	松原大輔
編集担当	杉浦博道
営業担当	増尾友裕
営業	丸山敏生、熊切絵理、石井耕平、菊池えりか、伊藤玲奈、網脇愛、櫻井恵子、吉村寿美子、田邊曜子、矢橋寛子、大村かおり、高垣真美、高垣知子、柏原由美、菊山清佳、大原桂子、矢部愛、寺内未来子
プロモーション	山田美恵、浦野稚加
編集	柿内尚文、小林英史、伊藤洋次、舘瑞恵、栗田亘、片山緑、森川華山
編集総務	鵜飼美南子、高山紗耶子
メディア開発	中原昌志
講演事業	齋藤和佳、高間裕子
マネジメント	坂下毅
発行人	高橋克佳

発行所　株式会社アスコム

〒105-0002
東京都港区愛宕1-1-11　虎ノ門八東ビル
編集部　TEL：03-5425-6627
営業部　TEL：03-5425-6626　FAX：03-5425-6770

印刷・製本　中央精版印刷株式会社

© Shuzo Matsuoka　株式会社アスコム
Printed in Japan ISBN 978-4-7762-0720-7

本書は著作権上の保護を受けています。本書の一部あるいは全部について、
株式会社アスコムから文書による許諾を得ずに、いかなる方法によっても
無断で複写することは禁じられています。

落丁本、乱丁本は、お手数ですが小社営業部までお送りください。
送料小社負担によりお取り替えいたします。定価はカバーに表示しています。